教科指導法シリーズ
改訂第2版

小学校指導法

生活

寺本 潔
編著

玉川大学出版部

改訂第2版まえがき

　生活科は1989（平成元）年3月に告示された学習指導要領で誕生した教科である。当初は，それまで存在していた低学年理科と社会科の合科であるとの意識も強かったが，30年以上を経過した今日，生活科は独自の教科としての基盤を確立したといえる。その核心は，「気付きの質」であり，「体験活動と表現活動を行きつ戻りつする相互作用」の重視である。

　その核心部分を身のまわりの地域や自分の生活に関する直接体験を重視した学習活動によって実現していく特質をもっている。さまざまな活動を通して生活上必要な習慣や技能を身に付けさせたりしながら，自立への基礎を養っていくことが趣旨である。このため検定教科書においても，例えば，挨拶の仕方やハサミの安全な使い方，植物や昆虫の名前，季節を表す言葉の習得，自分自身の成長過程への関心などが盛り込まれた内容となっている。さらに，「幼児期の教育とのつながりや小学校低学年における各教科等における学習との関係性，中学年以降の学習とのつながり」も踏まえた改訂を通して，教科としての進化が図られている。

　つまり，生活科はもう理科と社会科を足して2で割った教科ではないのである。子ども自身が，見る，作る，探る，育てる，調べる，記録に取る，発表するなどの活動を軸に外界の事物・事象を自分に引きよせて学ぶ，いわば「自分づくりへ向かう」教科なのである。その意味で，他教科や道徳，特活に比べて，最もダイナミックで最も子どもの興味や関心を引き付ける教科につながる要素をもっている。

　本テキストの構成を紹介しよう。大きく分けて二つの部で構成されている。第Ⅰ部は理論編である。すでに生活科が登場して30年を経ているため，誕生の経緯については簡単に記し，生活科教育の今日的な意義や他教科，他領域との関係，幼児教育との関係，生活科の評価といった側面にページを多く割いた構成とした。とりわけ，気付きをどう捉え，評価規準にのっとり，評定にもっていったらよいのか，活動と思考，表現を具体的な場面でどのように評価していったらよいのか，に教育現場は悩んでいるため，評価の項目を充実させ，第Ⅱ部につなげる工夫を施した。

　つづく，第Ⅱ部は生活科教育の実践である。生活科の特質である「自然と自

分とのかかわり」「社会と自分とのかかわり」「自分と自分自身とのかかわり」の三つのアングルから代表的な授業実践をもとに解説されている。さらに，三つのアングルそれぞれに「科学的な見方の基礎」「公共心・社会認識の基礎」「自己認識・他者との関係」といった，いわば生活科教育を支える土台に当たる資質・能力形成に関して補強することで，生活科教育の全体像をより見えやすくした。

　加えて，最終章においては「指導計画と校内環境づくり」といったソフトとハードの両面からの条件整備に言及した。

　全体のページ数の配分比率からいえば，「理論編」はわずか25パーセントに過ぎない。それほど，具体的な授業場面に即して生活科を捉えたいと編者は考えた。生活科は，国語科や算数科のように教室内で教科書を主教材としてしっかりと学ばせる教科ではなく，あくまで体験や活動を軸に気付きを生み出す教科であるため，具体的な場面を想定しながら，教科の特質を捉えた方が分かりやすいと判断したからに他ならない。

　しかし，だからといって理論を軽視している訳ではない。第Ⅱ部の中にも第Ⅰ部の理論編で記述された項目の具体化を図った解説がなされているからである。理論あって具体なし，具体あって理論なし，のいずれにも教科として確立するためには，偏ってはならない。本書の内容を，学生諸君も自分の地域や自分自身の生活体験，成長記憶などに置き換えて捉えるよう心がけてほしい。

　また，生活科は他教科が採用している全国一律の学習内容やカリキュラムという考え方では，むしろ教科としての特質を発揮できないため，地方ごとに単元展開や教材を一層工夫しなければならない教科であることも忘れてはならない。例えば，沖縄県や北海道では，季節感も異なるため，生活科暦にかなりの工夫を要するはずである。東京都心と過疎地域とでは都市化の度合いも異なるため，生活科マップに掲載する要素も異なるはずである。同様に，学校内の施設や環境の違いも関係する。学生諸君においては，ぜひ，身近な小学校を生活科教育の場として想定しつつ，本書を活用してもらいたい。

　生活科が誕生して30数年を経る時代に突入した。人間でいえば成熟した大人になる頃である。学生諸君には，フレッシュな感覚でこの教科の特質を見出し，日本の子どもの成長に役立つ魅力あふれる教科として捉えていただきたい。

著者を代表して

寺本　潔

目次

Ⅰ　生活科教育の理論と方法

——意義と役割，目標と内容，他教科等との関係，幼児教育，評価——

生活科教育の意義と役割

　生活科の教科目標は，現行のねらいを維持しながら，児童が具体的な活動や体験を通して身近な人々や社会，自然とのかかわりに関心をもつことであり，それらへの気付きの質を高める一層の指導が求められている。校外での積極的な活動も取り入れるよう「内容の取扱い」に述べられ，地域における学習活動の展開では計画性や継続性，交流の互恵性が不可欠である。本章では，生活科教育の意義と役割についていくつかの窓口から整理する。

キーワード　活動　体験　スタートカリキュラム

第1節　生活科教育の今日的意義

　生活科が登場して30年余りが過ぎた。人間でいえばもう成熟した大人である。教科目標は「具体的な活動や体験を通して，身近な生活に関わる見方・考え方を生かし，自立し生活を豊かにしていくための資質・能力を次のとおり育成することを目指す。(1) 活動や体験の過程において，自分自身，身近な人々，社会及び自然の特徴やよさ，それらの関わり等に気付くとともに，生活上必要な習慣や技能を身に付けるようにする。(2) 身近な人々，社会及び自然を自分との関わりで捉え，自分自身や自分の生活について考え，表現することができるようにする。(3) 身近な人々，社会及び自然に自ら働きかけ，意欲や自信をもって学んだり生活を豊かにしたりしようとする態度を養う」と記され，「自立し生活を豊かにしていくための資質・能力」を育てることが生活科の特色である。しかし，指導内容が全国一律になる傾向が強まり，学校や地域の特性が

生かされていない実践も見られる。目の前の児童の実態から教師が独自の教材を開発したり，指導の手立てを工夫したりする機会が生活科発足時に比べて少なくなっている。この背景には教師の仕事の多忙化も横たわっているが，生活科教科書や教材教具が整えられ，評価規準や教師の出方もある程度研究されてきたことにも一因がある。一部の教師は，児童の興味や関心から出発するのではなく，教科書通りに活動を示唆し，教科書に掲載されているものと同じ動くおもちゃを作らせたり，探検と称しながら実際は単なる引率・見学に過ぎない校外学習に終始したりするなど，生活科の学習活動自体がやや小粒になりつつある。

また，「生きる力」を育成する目玉教科であったはずの生活科が，しだいに低学年だけの枠内で考えるにとどまり，いわば定型化された教科になり始めている。生活科誕生の原点に返って考えれば，もっと児童の生活実態に応じ，学校や地域特性を十分生かしたダイナミックな展開や情報機器の活用，身近な幼児や高齢者，障害のある児童生徒などの多様な人々との触れ合いが可能な教科であることを忘れてはならない。

ところで，児童の生活を見てみれば，遊びの室内化や一人遊びの時間が多い傾向がますます高まり，デジタルな画像に触れる時間も増加している。生活行動の多くは外部依存化し，スーパーやコンビニでも無言で買い物ができる利便性がある半面，地域における社会性の醸成にも問題を生じている。夜型社会の中で，遅寝の習慣が翌朝の朝食を省く結果につながり，脳の発達を阻害しているともいわれている。

生活科は，児童にとって文字通り，生活をよりよいものに変えていく大切な教科である。現代のような社会だからこそ必要な体験的な学びと，そこから生活に生きて働く力としての学力を培う教科なのである。

1. 体験と思考の一体化

「体験あって学びなし」と，しばしば指摘される生活科授業がある。児童の求めに応じて体験させるだけにとどまり，事象や事物に対する気付きの質が高まらないで終わり，たとえ表現場面を用意できても紋切型の言い方にとどまり，簡単な振り返りだけで済ませてしまうなど，学習効果の面で疑問を抱かせる指導実態もある。こうした生活科指導の問題点は以前から指摘されてきたが，教師が体験後，単に児童に「どうでしたか？」と体験から感じた気付きを子ども

から引き出そうしても，子どもたちからは単に「面白かった！」「すごいと思いました」「もう一度，やりたいです」と安易な答えが返ってくるだけで，気付きの質の高まりにつながる発言がなかなか出てこない実態もある。

　生活科が子ども自身の体験活動を重要視する教科であるため，活動をやりきることだけにエネルギーを注ぎ込み，そこからどういった発見や感動が生じたのか，をうまく引き出すことに教師が長けていなかったのかもしれない。発問の工夫として「自分や友達とで見付けたものや見付けたことはありましたか？」「以前に見付けた○○と比べて今度のは，どうでしたか？」「楽しかったことを違った言葉で表しましょう」「短い文と簡単な絵で感じたことを表しましょう」などと問いかけ，表現を促すようにしたい。

　今回改訂された学習指導要領「解説」にも，「第1章　総説 2 生活科改訂の趣旨及び要点(2)改訂の要点④学習内容，学習指導の改善・充実」の項目で「・具体的な活動や体験を通して気付いたことを基に考え，気付きを確かなものとしたり，新たな気付きを得たりするようにするため，活動や体験を通して気付いたことなどについて多様に表現し考えたり，『見付ける』，『比べる』，『たとえる』，『試す』，『見通す』，『工夫する』などの多様な学習活動を行ったりする活動を重視することとした」と記されている。

　この中の「たとえる」は特に生活科で注目される学習活動になる。「たとえる」とは一種の比喩であり，再現でもある。言葉で表現するだけでなく，ジェスチャーや表情も入ってくる。もちろん，絵や模型，飾りなどの造形による「たとえる」活動も考えられる。「秋の公園の雰囲気を落ち葉や小枝で再現しましょう」とジオラマ風に小箱の中で再現する活動，町探検の結果を絵地図に表し，大好きな街角や町の人について言語表現する活動なども立派な「たとえる」活動である。生活科においては，「見る，聞く，触れる，作る，探す，育てる，遊ぶなどの直接働きかける活動」のほかに，そうした活動の楽しさや気付きを言葉や絵，動作，劇化などの方法で表現する学習活動も想定される。

　思考と表現の一体化とは，体験―（思考）―気付き―表現を一体の学習活動の中で組織することであり，表現のための表現に陥ることではない。「秋のジオラマが目立つように今日はいろいろな飾りをつけましょう」と表現活動だけを取り出して指導するのでなく，「この前，秋の公園で遊んだり，発見したりしたことを思い出してジオラマ作りをしましょう」と，体験（思考）と表現を結びつけて指導したい。

2. 他教科等との関連

　今回の指導要領で注目できる改訂ポイントに，これまで以上に低学年教育の充実が求められており，他教科等との関連を視野に入れた内容の充実が挙げられる。関連といっても他教科そのものと同じ内容にするのでなく，あくまでも「学んだことがどのように関連付いていくのかの意識」程度である。単に，おもちゃを製作して飾り付けたら終わりではいけないのである。

　「解説」には，「遊びや遊びに使う物を工夫してつくることができるとは，試行錯誤を繰り返しながら，遊び自体を工夫したり，遊びに使う物を工夫してつくったりして考えを巡らせることである」と記されている。

　「もっと，車を増やせば早く走れるかな？」とか「黄色と青を混ぜたらどんな色になるのだろうか？」「僕のは重いからもっと，薄い紙で帆かけ車を作ったら速く走れるかな？」などといった，子どもからの発言が出てくるようになれば3年から始まる理科で培う科学的見方の基礎につなげられる。

　つまり，科学的見方・考え方とは，言い換えれば，科学的な現象に対して条件を見分けること，客観的に原因と結果を結び付けて考えること，再現できるために何が必要かを考えることである。

　おもちゃ作りで見られる気付きの質こそ，科学的見方・考え方の基礎につながるので重要視したい。これまで生活科ではおもちゃ作りの際に，ともすれば愛着のある自分のおもちゃを作らせることに主眼が置かれすぎていたために，名前付けや装飾・おもちゃの紹介に力点が置かれた。おもちゃで競争させる場面を用意しなかったケースもあったが，生活科では，動くおもちゃは，友達と比べて積極的に競争させる中で，どうしたら速く走らせることができるのかなど，友達のおもちゃと比べる視点を発見し，おもちゃのよりよい改良を目指すように促したい。生活科の内容が他教科等へ発展する可能性については，国語科や音楽科，図画工作科，体育科における学習の動機づけとなったり，題材ともなりうる。例えば，見たり，探したり，育てたり，作ったりしたことが，書くことや伝えたいことの明確化につながったりする。音遊びが音楽づくりの発想を得る場面となることも考えられる。

第2節　生活科教育の役割

1.　児童の安全・安心を担う役割

　通学路の様子を調べて，安全を守ってくれる人々に関心をもち，安全な登下校ができる力の育成（危険回避能力）が求められている。これは，昨今の街頭犯罪への対応を緊急に進めるためにスクールガードや地域ぐるみで見守り体制が組まれていることに対し，子ども自身が気付いていないこと，周囲の大人だけが防犯や防災，交通安全に注意するだけでなく，子ども自身にも自分や友達の安全に関心をもち，登下校できる力を育成することが安全なまちづくりを実現するうえでも不可欠であると判断したからに他ならない。

　学習指導要領においては，教科としては生活科が安全教育に対応した学習単元を準備しており，この指導の仕方が小学校における安全教育の質的向上に寄与するか否かが重要なのではないだろうか。安全教育はこれまで，特別活動の一環として避難訓練や交通安全指導などが中軸であった。しかし，防犯に関しては指導が充実していなかった。どうすれば，子どもが襲われる事件を防げるのか。生活科学習の成果が期待されている。

　しかし，低学年児童の発達段階からいって，通学路の安全を守っている人に気付くことはできても，危険な場所や時間を判断する能力は育っていない。一般に，「入りやすくて見えにくい」場所に犯罪が起こりやすいと唱えられているが，子どもにその場所を見分ける能力はなかなか付きにくい。通学路を歩いて，見付けたものを短冊型の紙面に表現させ，発達心理の世界で呼ばれるところのルート・マップの空間認知を適切な絵地図指導（子ども110番の家の場所，この場所は周囲から見えにくいかどうかの表示など）で表現させるなど，実践レベルでの工夫が望まれる。

2.　スタートカリキュラムの編成

　いわゆる小1プロブレムといわれるような学級での徘徊，授業への参加拒否，奇声をあげたり器物や仲間への暴力的行為に及んだりする児童の増加に対して，幼稚園・認定こども園・保育所との直接的な連携や円滑な接続が求められている。

　自治体によってはすでに小学校への幼稚園児の訪問や教員同士の授業研究，

小学校教諭と幼稚園教諭との合同授業などを実施している例も見られるが，本格的な連携は依然として不十分である。幼児教育と小学校教育との接続を図ることによるメリットとして，子どもの情緒の安定に向けた両者の情報交換（互恵性）が挙げられる。不登校児童の早期発見と指導，いじめの根絶，家庭内暴力などの早期発見なども期待される。年度末に体験入学と称して幼稚園児が小学校を訪問したり，生活科の「おおきくなったわたし」の単元で，幼稚園を再び子どもが訪ねたりする機会はすでにあるが，その程度の連携では小1プロブレムは防げないだろう。保育学での必修科目である「家族援助論」の視点にもあるように，今や家庭環境も考慮に入れた保育や教育が求められている。つまり，親の存在を絡めて，子どもの成長を捉える必要性が，一層論じられているのである。

一方，幼稚園までは保護者が比較的，我が子の子育てに関心を抱いているものの，小学校に子どもが上がるにつれて，しつけや子育てを小学校に任せる態度をとる親がいる。生活科では，「学校，家庭及び地域の生活に関する内容」があり，家庭生活を支えている家族のことや自分でできることなどについて考えることが求められている。自己中心的な子どもの心性と態度を適切なものへと改善していく家庭との具体的な連携が求められている。入学当初においては，スタートカリキュラムにおける合科的・関連的な指導が期待され，児童の発達の特性や幼児期からの学びと育ちを踏まえ，児童の実態からカリキュラムを編成することも求められている。

3. そのほかの課題と役割

以上，新しい指導要領における生活科への対応ポイントを述べてきたが，このほかにも重要な教育課題が残されている。

例えば，人工知能（AI）の飛躍的な進化をはじめ子どもを取り巻く生活の都市化が進展し，核家族化や生活時間のプログラム化，テレビやゲーム視聴の増大などの影響から，子どもの生き物接触能力や自然物を使った遊びが衰えているのではないかと危惧される点である。とりわけ，昆虫やウサギやチャボを怖がる子どもが増えている。生き物の命の大切さを伝えたいと教師が対応しても，学習前から接触を嫌がる傾向が強まっている。自然の不思議さや命の大切さをいかに伝えるか，地域の獣医師などとも連携し，指導の工夫が望まれる。

さらに，特別な配慮を必要とする児童への指導や海外から帰国した児童，不

登校児童への配慮など今日的な課題が多く，一人一人が抱える課題への個別に対応した指導やカウンセリングも必要な時代に入っている。いわゆるインクルーシブ教育の構築を目指し，言葉での説明や指示だけに頼るのでなく，プリントを準備したり，事前に考えたことを動作や言葉で表現したりしてから文章を書くように促すなどの配慮が，生活科指導においても求められている。学習の振り返りの場面においても学習内容の想起が難しい場合は，写真やイラスト等の活用も図らなければならない。

　また，生活科以前の社会科で重要視していた空間認知能力の育成も見過ごすことができない内容である。かつては低学年児童でも四方位の名称は知っていたし，ある程度の平面地図は読み取れていた。生活科がスタートして空間認知能力が低学年社会科の時代に比べ，伸びたとは到底思えない。3年生の社会科においても冒頭で「学校の周りの地図作り」が入っているが，その際の地域探検の視点と，2年生の生活科で実施している町探検の視点がほぼ同一で，質的な高まりが見られないという指摘もなされている。道なりに風景を歩行者の視点から眺めている生活科の空間認知能力から，町の平面地図のように真上から見下ろして眺める視点を獲得させる地図学習の視点へと，発達の階段を上らせる丁寧な指導がなされていない。

　さらに，「地域に関わる活動」，「公共物や公共施設を利用する活動」との文言が明記されたことで，実際にボランティア活動への関心や公共施設を利用する中で利用のマナーや公共心の育成に努めるように学習指導を進めていく必要がある。身の回りにはみんなで使うものや場所があることを知り，地域にはそれらを支えている人がいることを実感的に分からせる機会を設けることが大切であろう。これは3年以上の社会科で培われる公共の仕事の意味に接近させる，いわば学習の布石に当たる。

　生活科は今回の改訂で4回目である。活動や体験だけに終始することなく，いかに気付きの質を高め，小学校の教科として教育の効果を上げていけるかが問われている。「活動あって学びなし」にならないように指導のねらいを明確化し，適切な教材との出あわせ方を工夫しなくてはならない。目の前の子どもたちが確かな学力を身に付けていくよう取り組むことが大切である。

課　題

1. 2017（平成29）年版小学校学習指導要領「生活」において，従来と異なり，改善点や変更された箇所は何か。育成を目指す資質・能力や「主体的・対話的で深い学び」など，現代の教育課題と関連付けて『小学校学習指導要領解説　生活編』も参照しながら，具体的に述べよ。

参考文献

田村学編著『新学習指導要領の展開　生活編』明治図書，2017年

寺本潔『犯罪・事故から子どもを守る　学区と学校の防犯アクション41』黎明書房，2006年

寺本潔・山内かおり『授業するのが楽しくなる生活科・総合・特活の技とアイディア44』黎明書房，2008年

渡邉彰『生活科・総合的な学習の時間で子どもはこんなに変わる』教育出版，2011年

第 **2** 章

生活科の目標と内容

　生活科の目標は，現行と大きな変化はなく，基本的には1989（平成元）年に誕生して以来，維持されている。低学年児童の発達特性を考慮に入れ，具体的な活動や体験を通して思考を促す教科に特徴がある。身の回りの事象を一体的に捉え，生活者の視点から考えることを大事にした教科といえる。本章では，今回の改訂で改善された事柄を中心に，生活科の目標と内容の概要について学習する。

キーワード　体験　愛着　合科的な指導

第1節　学年共通の目標と内容

1. 目標

　生活科の教科目標は次の通りである。

> 　具体的な活動や体験を通して，身近な生活に関わる見方・考え方を生かし，自立し生活を豊かにしていくための資質・能力を次のとおり育成することを目指す。
> (1) 活動や体験の過程において，自分自身，身近な人々，社会及び自然の特徴やよさ，それらの関わり等に気付くとともに，生活上必要な習慣や技能を身に付けるようにする。
> (2) 身近な人々，社会及び自然を自分との関わりで捉え，自分自身や自分の生活について考え，表現することができるようにする。
> (3) 身近な人々，社会及び自然に自ら働きかけ，意欲や自信をもって学んだり生活を豊かにしたりしようとする態度を養う。

　キーワードは「自立し生活を豊かにしていくための資質・能力」である。この場合の自立とは社会で通用されている社会人になるとか，経済的に親に依存しないといった意味でなく，児童の学習や生活における自立を指し，豊かな生活者としての資質や能力，態度を低学年なりに育成することを意味している。

　また，書き出しに「具体的な活動や体験を通して」とあえて記されているのは，ともすれば机に向かって考えたり，話し合ったりするだけの授業に陥りがちな中で，生活科発足時の基本理念である体験を主軸に据えて学習を進めることの大切さを改めて明確にするためである。とりわけ，活動に伴って必ず思考が生じるわけであるが，思考と分離しないで活動を一体的に捉えていく必要がある。

　例えば，通学路の安全を守っている人を学習する際，単に子ども110番の家の人を写真で見たり，地図でその場所を確かめたりするだけでなく，実際に出かけていき，110番の家の人に挨拶する体験がどうしても必要となってくる。さらに，評価にもかかわるが，思考と表現を関連付ける学習指導も大切な手立てになってくる。自分たちの通学の安全を守ってくれている人の思いや願いに触れて，自分たちも安全に気を付けて通学しようとする態度の育成につながるような表現が期待される。「いつも見守ってくれてありがとう」「ぼくたちも安全に気を付けて毎日通学します」「危ないときには，おじさんの家に飛び込むから，そのときは助けてください」「通学団で年下の1年生にも注意しながら通学します」などといった表現が期待されるところである。

　学年目標について検討してみよう。生活科は，第1学年及び第2学年に配置されている教科であるが，2学年まとめて目標が共通している。これは発達特性を考慮しただけでなく，活動の深まりや学習素材の選定などにおいて2学年まとめて示しておいた方が，弾力的に運用できるためでもある。構成として2学年を通した目標は3つ設定され，主な学習対象，思考や認識，能力や態度等を要素として示している。詳細は，学習指導要領を参照してもらいたいが，身近な人々及び地域のさまざまな場所，公共物などとのかかわりに関心をもち，愛着をもつこと。身近な動物や植物などの自然とのかかわりに関心をもち，自然のすばらしさに気付くこと。自分のよさや可能性に気付き，意欲と自信をもって生活すること。などが記されている。

2．内容

　生活科は次頁の表に示す9つの内容から成り立っているが，同時に11の具

体的な視点を基に構成されている。その11とは，ア．健康で安全な生活，イ．身近な人々との接し方，ウ．地域への愛着，エ．公共の意識とマナー，オ．生産と消費，カ．情報と交流，キ．身近な自然との触れ合い，ク．時間と季節，ケ．遊びの工夫，コ．成長への喜び，サ．基本的な生活習慣や生活技能，の11の視点である。具体的には生活科の検定教科書を参照してもらえれば分かるが，単元の中で多くは，活動の過程でこれらの視点が登場してくる。

　例えば，ク．時間と季節については，この時期の児童の発達特性からいってなかなか時間感覚や季節感が定着しているとは言い難い実態があるものの，夏休みを楽しく過ごすために1日の時間を簡単な円型の時計図で示し，夜の時間がいかに長い時間を占めているかを教科書で示したり，季節の変化を表すために春と秋の同じ植物写真を併置し，葉っぱの色変化に気付かせる編集の工夫が施されていたりする。こうした視点が盛り込まれた教科書を用いながら，活動を組織し，下の9つの内容項目が三角形の図（p. 143参照）のように階層の形で構成されているわけである。

　前々回の指導要領では，8つの内容項目しかなかったが，1つ増えた結果となった。増えた項目は(8)の「生活や出来事の伝え合い」である。言葉などを使った言語活動は，思考を促し，他者とのコミュニケーションを成立させ，情緒を安定させることにつながると考えたからである。他者と交流して互いに認め合ったり，振り返ったりすることがとりわけ重要になってくる。体験と思考，思考と表現がつながった生活科で特に注意したい改訂箇所である。

内容項目	学習指導要領の文言
［学校，家庭及び地域の生活に関する内容］	
(1)学校と生活	学校生活に関わる活動を通して，学校の施設の様子や学校生活を支えている人々や友達，通学路の様子やその安全を守っている人々などについて考えることができ，学校での生活は様々な人や施設と関わっていることが分かり，楽しく安心して遊びや生活をしたり，安全な登下校をしたりしようとする。
(2)家庭と生活	家庭生活に関わる活動を通して，家庭における家族のことや自分でできることなどについて考えることができ，家庭での生活は互いに支え合っていることが分かり，自分の役割を積極的に果たしたり，規則正しく健康に気を付けて生活したりしようとする。

(3) 地域と生活	地域に関わる活動を通して，地域の場所やそこで生活したり働いたりしている人々について考えることができ，自分たちの生活は様々な人や場所と関わっていることが分かり，それらに親しみや愛着をもち，適切に接したり安全に生活したりしようとする。
[身近な人々，社会及び自然と関わる活動に関する内容]	
(4) 公共物や公共施設の利用	公共物や公共施設を利用する活動を通して，それらのよさを感じたり働きを捉えたりすることができ，身の回りにはみんなで使うものがあることやそれらを支えている人々がいることなどが分かるとともに，それらを大切にし，安全に気を付けて正しく利用しようとする。
(5) 季節の変化と生活	身近な自然を観察したり，季節や地域の行事に関わったりするなどの活動を通して，それらの違いや特徴を見付けることができ，自然の様子や四季の変化，季節によって生活の様子が変わることに気付くとともに，それらを取り入れ自分の生活を楽しくしようとする。
(6) 自然や物を使った遊び	身近な自然を利用したり，身近にある物を使ったりするなどして遊ぶ活動を通して，遊びや遊びに使う物を工夫してつくることができ，その面白さや自然の不思議さに気付くとともに，みんなと楽しみながら遊びを創り出そうとする。
(7) 動植物の飼育・栽培	動物を飼ったり植物を育てたりする活動を通して，それらの育つ場所，変化や成長の様子に関心をもって働きかけることができ，それらは生命をもっていることや成長していることに気付くとともに，生き物への親しみをもち，大切にしようとする。
(8) 生活や出来事の伝え合い	自分たちの生活や地域の出来事を身近な人々と伝え合う活動を通して，相手のことを想像したり伝えたいことや伝え方を選んだりすることができ，身近な人々と関わることのよさや楽しさが分かるとともに，進んで触れ合い交流しようとする。
[自分自身の生活や成長に関する内容]	
(9) 自分の成長	自分自身の生活や成長を振り返る活動を通して，自分のことや支えてくれた人々について考えることができ，自分が大きくなったこと，自分でできるようになったこと，役割が増えたことなどが分かるとともに，これまでの生活や成長を支えてくれた人々に感謝の気持ちをもち，これからの成長への願いをもって，意欲的に生活しようとする。

生活科の内容の全体構成

階層	内容	学習対象・学習活動等	思考力，判断力，表現力等の基礎	知識及び技能の基礎	学びに向かう力，人間性等
学校，家庭及び地域の生活に関する内容	(1)	・学校生活に関わる活動を行う	・学校の施設の様子や学校生活を支えている人々や友達，通学路の様子やその安全を守っている人々などについて考える	・学校での生活は様々な人や施設と関わっていることが分かる	・楽しく安心して遊びや生活をしたり，安全な登下校をしたりしようとする
	(2)	・家庭生活に関わる活動を行う	・家庭における家族のことや自分でできることなどについて考える	・家庭での生活は互いに支え合っていることが分かる	・自分の役割を積極的に果たしたり，規則正しく健康に気を付けて生活したりしようとする
	(3)	・地域に関わる活動を行う	・地域の場所やそこで生活したり働いたりしている人々について考える	・自分たちの生活は様々な人や場所と関わっていることが分かる	・それらに親しみや愛着をもち，適切に接したり安全に生活したりしようとする
身近な人々，社会及び自然と	(4)	・公共物や公共施設を利用する活動を行う	・それらのよさを感じたり働きを捉えたりする	・身の回りにはみんなで使うものがあることやそれらを支えている人々がいることなどが分かる	・それらを大切にし，安全に気を付けて正しく利用しようとする
	(5)	・身近な自然を観察したり，季節や地域の行事に関わったりするなどの活動を行う	・それらの違いや特徴を見付ける	・自然の様子や四季の変化，季節によって生活の様子が変わることに気付く	・それらを取り入れ自分の生活を楽しくしようとする

関わる活動に関する内容	(6)	・身近な自然を利用したり，身近にある物を使ったりするなどして遊ぶ活動を行う	・遊びや遊びに使う物を工夫してつくる	・その面白さや自然の不思議さに気付く	・みんなと楽しみながら遊びを創り出そうとする
	(7)	・動物を飼ったり植物を育てたりする活動を行う	・それらの育つ場所，変化や成長の様子に関心をもって働きかける	・それらは生命をもっていることや成長していることに気付く	・生き物への親しみをもち，大切にしようとする
	(8)	・自分たちの生活や地域の出来事を身近な人々と伝え合う活動を行う	・相手のことを想像したり伝えたいことや伝え方を選んだりする	・身近な人々と関わることのよさや楽しさが分かる	・進んで触れ合い交流しようとする
自分自身の生活や成長に関する内容	(9)	・自分自身の生活や成長を振り返る活動を行う	・自分のことや支えてくれた人々について考える	・自分が大きくなったこと，自分でできるようになったこと，役割が増えたことなどが分かる	・これまでの生活や成長を支えてくれた人々に感謝の気持ちをもち，これからの成長への願いをもって，意欲的に生活しようとする

第2節　指導計画の作成と内容の取扱い

　学習指導要領には，指導計画の作成に当たって，次の配慮事項が示されている。一つは，地域の人と話をしたり，地域の施設を利用したり，地域の自然に触れたりするなどの直接関わる活動や体験を行うこと，二つは，動植物へのかかわりは継続的に飼育・栽培活動を行うこと，三つには，児童の発達の段階や特性を踏まえ，2学年間を見通して学習活動を設定すること，四つには，国語や音楽，図工，体育科などとの合科的・関連的な指導を行い，児童の生活とつながる学習活動を取り入れること，五つには，障害のある児童に対する指導内容や指導

方法の工夫を計画的，組織的に行うこと，六つには，道徳の時間との関連を考慮することである。生活科が，他の教科と異なる特性をもった教科であることを考え，しかも低学年に配置されている特性から，この6つの配慮事項が設けられている。この中で，合科的な指導については，つい教科が異なるために忘れがちになる点である。国語で習得した言葉を生活科の活動で使ってみる場面もあってよいし，生活科で体験した活動への思いを音で表現させてもいい。ひみつ基地を段ボールで製作する場合に，図工で習った色の付け方や材料の用い方を応用してもいい。

　さらに，「内容の取扱い」については，地域の人々，社会及び自然を一体的に扱うこと。気付いたことを考えさせるために，見付ける，比べる，たとえる，試す，見通す，工夫するなどの多様な学習活動を工夫すること。身近な幼児や高齢者，障害のある児童生徒などとも触れ合いができるようにすること。生活上必要な習慣や技能の指導などが記されている。これらは，生活科が「生きる力」を育成するうえで最も低学年の時期に必要な体験であることを改めて認識させる記述である。

第3節　改善の具体的ポイント

　「見付ける，比べる，たとえるなどの多様な学びの充実」「言葉や絵で示す表現活動の一層の重視」「動物の飼育や植物の栽培などの活動を2学年間にわたって取り扱う」「安全な登下校に関する指導の充実」「生活科を中心とした合科的・関連的な指導などの工夫（スタートカリキュラム）」などが，改善の具体的事項である。

　生活科が教科として認知され，学びの水準を向上させるうえでも，これらの改善は避けられない事柄である。ともすれば，「体験あって学びなし」と揶揄されがちな生活科授業であるが，指導者がねらいを明確にもって指導に当たるか否かが最も重要である。また，思考していることが，言葉に出るようにするためにはどのような手立てが必要になってくるかを考えることや，言葉や絵に表現させることで交流を生むように促すことが，今以上に重要になってきた。単に，「見付けた」「嬉しかった」では，思考の深まりがつかめない。生活科においても思考の深まりや広がりが期待されるからである。

　生活科の学力や評価については後述の章で詳しく解説されるが，学習を通して学んだ生活科が文字通り実生活に生きて働く「生活化」につながる学びであるためにも，生きて働く力となるように計画的実際的に指導に当たる必要がある。生き物との接触を嫌がる児童，おちついて教師や友達とアイコンタクトができない児童，協力しておもちゃの製作を進めることができない児童など，現実には多くの生活習慣や生活態度の面で問題がある児童が見受けられる。改訂の趣旨を踏まえて，いかに実効性のある生活科教育を打ち立てていくか，教育現場での努力と工夫が期待されている。

課　題

1. 目標の文言に「具体的な活動や体験を通して」とあるが，このことは生活科の特質としてどのような意味が込められていると思いますか。
2. 生活科の9つの内容を整理した表や階層性を示した図を参照して，生活科の内容の関係性や階層性がどのような考え方でつくられているか述べよう。
3. 「見付ける，比べる，たとえる，試す，見通す，工夫する」学びとは具体的にはどういった学習活動の場面を想定したらよいのか。一例を考えよう。
4. 実際に教育現場で使用されている検定済の生活科教科書を閲覧させてもらい，学習指導要領がどのように教科書に具現化されているかを調べよう。

第 **3** 章

生活科と他教科等との関係

　生活科の目標は「自立し生活を豊かにしていくための資質・能力を育成する」ことにある。教科の特性から，指導の効果を高めるために，合科的・関連的な指導の充実が求められる。指導に当たっては，低学年教育全体を視野に入れ，他教科等との関連を図りながら進めていくことが重要である。このことは，生活科の学習活動が国語科や音楽科，図画工作科，体育科などの内容との関連が深いことと，低学年児童は，教科の垣根を容易に越えて学習するという特徴を備えていることからきている。本章では，生活科と他教科等との関係について学習する。

キーワード　科学的な見方・考え方　安全教育　キャリア教育

第1節　生活科と他教科等

1．生活科と他教科との関連

　学習指導要領では「生活　第4章　1　指導計画作成上の配慮事項」において，(4)「他教科等との関連を積極的に図り，指導の効果を高め，低学年における教育全体の充実を図り，中学年以降の教育へ円滑に接続できるようにするとともに，幼稚園教育要領等に示す幼児期の終わりまでに育ってほしい姿との関連を考慮すること。特に，小学校入学当初においては，幼児期における遊びを通した総合的な学びから他教科等における学習に円滑に移行し，主体的に自己を発揮しながら，より自覚的な学びに向かうことが可能となるようにすること。その際，生活科を中心とした合科的・関連的な指導や，弾力的な時間割の設定を

行うなどの工夫をすること」と示している。生活科の学習は，学習の内容自体が国語科や音楽科，図画工作科，体育科，道徳と連携している。学習を進めるには，話す，聞く，書く活動が必要であり，ときには絵に表したり，おもちゃを作ったりすることが多い。また，楽しい遊びや行事の中で，歌を歌ったり合奏したり生き物の動きをまねして全身の動きで楽しく踊ったりすることもたびたびある。生活科と他教科の関連を積極的に図ることは，学習効果を2倍にも3倍にも高めることになる。逆に，生活科で得た学習の成果は，国語科など他教科の学習効果を高めることにもなる。生活科と他教科との関連を図ることは，低学年児童の特性にも合致している。低学年の児童は，一つの教科内容にとらわれることなく，興味や関心は複数の内容へも容易に広がっていく。植物を育てている際，花が咲けば絵に描きたい，歌も歌いたい，簡単な動作もしてみたいという意欲を伴った学習が広がる。他教科との連携により，児童の活動意欲が高まり，生活科のねらいの達成に一層の効果が望まれることから，積極的に取り組む必要がある。積極的な関連を図るために，指導計画の作成に当たっては，内容を十分吟味し，指導計画での位置付けを明確にしておくことが重要である。

（1）生活科の学習の成果を表現活動などに生かす

　生活科の内容は，他教科等に発展する内容が多い。例えば，自然の観察，児童の生活圏での活動などで考えてみよう。

　国語科では，学校探検などで気付いたこと，発見したことなどを「たんけんカード」に書く，動植物の世話での様子を書く，地域でお世話になった人にお礼の手紙を書くなどの活動が想像できよう。音楽科や図画工作科などとの関係では，身近な自然の美しさを感じ取る，それに伴って情景や気持ちを想像して歌ったり，美しさを表現したりするであろう。不用品を活用して作る活動を通して音遊びの面白さに気付くなども考えられよう。また，育てている花の様子に対して自らの思いや願いを絵に表したりすることも可能である。このように生活科での学習成果は，単に言葉だけではなく，動作化したり絵や歌で表現したりするなど，学習活動の動機付けや格好の学習材となったりする。なお，展開に当たっては，関連する各教科の目標や内容が効果的に実現できるように配慮する必要がある。

（2）他教科の学習成果を生活科の学習に生かす

　他教科の学習の成果を生活科の学習に生かすとは，児童が他教科等において学んだり，身に付けたりしたことの知識，技能，能力等を生活科の学習に発揮させることである。

　国語科では，身近なことや経験したことを相手に応じて，話す事柄を整理したり，互いの話を聞き，話題にそって話し合ったりするなどの能力を育てる。例えば，「まちたんけん」などを通して，体験したこと，知らせたいことを伝え合い，交流する活動をする。交流した人たちに手紙を書いたり，発見したこと，気付いたことを「たんけんカード」に書き込んだりする活動が考えられる。このことにより，コミュニケーション能力やさまざまな人たちとの交流が充実していく。また，図画工作科では，絵や立体に表す活動を通して，身近な材料や扱いやすい用具を使うことで，手を働かせることができる。このことは，土，粘土，紙，木などの材料は，クレヨン，パス，はさみ，のり及び，簡単な小刀類などの用具を用いて遊ぶ活動で生かされる。それに伴い技能や能力は身に付いていく。なお，生活科の学習を生かすに当たって，関連する他教科等の目標や内容が効果的に実現できるよう指導計画作成時には配慮する必要がある。

（3）合科的に扱い指導効果を高める

　合科的な指導は，各教科等のねらいをより効果的に表現する指導法の一つである。関連的な指導とともに学習活動等を展開するうえからも複数の教科や目標・内容を組み込み，児童が総合的に学習できるように工夫することが大切である。なお，学習指導要領解説生活編では，合科的な指導とは，各教科等のねらいを効果的に行う指導方法のことであり，それに伴う関連的な指導とは，各教科等の指導内容，指導法などを相互に関連させて指導するものであるとしている。

　特に入学当初は，この合科的な指導を展開することは効果がある。例えば，「がっこうたんけん」の活動で，探検をするための環境づくりをするとしよう。そこでは，当然，意欲の喚起を図ったり，思考を促したりするための教師の意図や支援が必要となってくる。校内の簡単な絵地図，楽しく活動するためグループのバッジや旗作り，約束の歌をつくったり，約束ごとなどを文に書いたりする活動が考えられる。このように国語科，図画工作科，音楽科などとの関連を図っていくことができる。

この合科的な指導は，児童の思いや願いの実現に向けて，長期的に計画しながら，大単元として構成していくことが考えられる。ここでは，大単元及び長期にわたる活動で，児童の活動に無理のないように，ゆったりとした時間設定をしていく必要がある。また，大単元から各教科に分かれていく中で，児童が安心して学校生活がスタートできる指導計画の作成をしていくことが重要である。

2. 生活科と他教科との関連を図る

(1) 生活科と理科との関連

生活科では，児童が身近な自然とのかかわりをもってそれらと主体的にかかわり合って，自然の素晴らしさに気付き，自然を大切にしたり，自分たちの遊びや生活を豊かにしたりすることができるようにすることを目指している。生活科は，具体的な活動や体験を通し，直接体験を重視していることから，体験を通し実感を伴った活動をしたり，自然に親しみながら自然の不思議さに気付いたりするようにすることが大切である。よって，生活科の内容(5)(6)(7)で示すように，子どもが自然事象に対して関心をもち，積極的にかかわろうとすることを目指して，遊びの面白さや自然の不思議さなどに実感できる学習活動を取り入れることが大切である。特に理科では，生活科との関連を考慮し，科学的な体験や自然体験の充実を図るようにしている。児童は，身近な自然を観察し，諸感覚を使って繰り返し自然に触れ合うことで，四季の変化，自然の美しさや巧みさ，不思議さや面白さなどの自然の素晴らしさに実感をもって気付いていくのである。

ここで大切にしたいことは，「比べる」「繰り返す」「試す」などの活動である。これは理科の問題解決能力や，科学的な見方や考え方につながるものである。相違点や共通点に気付いたり，疑問が生まれたり，体験を生かして「きまり」に気付くことなどが考えられる。

また，児童が自らの手で継続的に飼育・栽培することを通して，身近な動植物に興味関心をもち，生命の尊さを学ぶことが，生命の尊重の教育につながるのである。動植物の飼育・栽培は生き物へ親しみをもち，生命の尊さを実感するために継続的な活動を行うことは大きな意義がある。植物を育てることによる，植物の日々の変化や成長は児童に命の営みを実感させる。動物を飼うことも植物を育てることも，継続的な世話にかかわる過程で，命あるものに対する

心を育む価値体験となる。

（2）生活科と社会科との関連

　生活科の特質は，直接体験を重視した学習活動を行うこと，身の回りの地域や自分の生活に関する学習活動を行うことにある。学校や地域の人々や社会とのかかわりの中での具体的な活動や体験を通して得た社会認識など，さまざまな気付きが社会科学習の基礎ともなる。

　3年生以降の社会科の学習との具体的な関連については，地域社会の特色やよさを理解し，その一員として自覚をもつこと，地域社会の事象や特色及び相互関連について調べる，自分たちの住んでいる地域に対して愛情や誇りをもつことなどの学習につながる。そのことは，生活科内容(3)「地域と生活」で地域で働いている人を対象とすること，(4)「公共物や公共施設の利用」で，公共物や公共施設を利用することと関連している。

　児童は，学校や家庭を中心とした生活から，友達や地域の人々，身の回りの環境などとのかかわりを通して，自分たちの地域へと生活の場を広げる。地域に出かけること，さまざまな人々や場所との出会いをつくり，自分の生活とのかかわりを広げたり深めたりすることが大切である。「地域で生活したり働いたりしている人々」を見ながら，それらの人々に心を寄せ，夢と希望をもち，児童が意欲をもって生活できることを期待しているのである。また，児童にとって公共物や公共施設を利用することは，自分自身の生活を広げたり豊かにしたりするために大切である。これらを利用して，自分の生活に生かしたり，自分以外の人のことを考えて行動したりする体験が求められている。他者との共生が求められる社会において，大切な要素と考えられる。児童は単なる利用者という立場を越えて，公共の意識をより一層高めていくとともに，自分自身の力でよりよい生活を養っていくことになる。

　また，社会科での学び方の基礎は，生活科の学びがもとになっており，調査活動・見学など地域の人々と自分とのかかわり，地域での具体的活動を通した気付きなど，生活科と社会科のつながりは大きい。

（3）生活科と特別の教科道徳

　学校における道徳教育は，教育活動全体を通じて行われるものである。よって生活科においても道徳教育が適切に行われる必要がある。

　生活科の「指導計画作成上の配慮事項」1(6)において，生活科の指導は，生活科の特質に応じて道徳について適切な指導をするとしている。自分と身近な人々，社会及び自然と直接かかわる活動や体験を通して，道徳教育との密接なかかわりについて示している。例えば，①意欲的に生活しようとする気持ちをもたせる，②自然に親しみ，自然とのかかわりをもつ，③生命を大切にする，④自分のよさや可能性に気付き自分自身について考える，⑤生活のルールや言葉遣い，振る舞いなど生活上必要な生活習慣を身に付ける，⑥自立への基礎を養う，などである。また，生活科で扱った内容や教材を道徳の時間に活用するなど，道徳の時間と関連付けて指導を行う必要がある。生活科の年間指導計画，道徳教育の全体計画との関連，指導の内容及び時期に配慮し，相互に効果を高め合うようにすることが大切である。

　例えば，道徳の内容の学年段階・学校段階の一覧表の中の視点A「主として自分自身に関すること」の(2)「うそをついたりごまかしたりしないで，素直に伸び伸びと生活すること」では，明るく素直な気持ちで生活することの大切さ，周りの人もすがすがしい気持ちになること，自分に自信がもてるようになることなど，自らの生活を整えていくことに気付いていくのである。

　道徳の内容の視点B「主として人との関わりに関すること」の(7)「家族など日頃世話になっている人に感謝すること」では，生活科の学習でのさまざまな人との出会いから，自分たちを支えてくれていることに感謝することなどを実感しながら身に付けていくのである。道徳の内容の視点C「主として集団や社会との関わりに関すること」の(14)「先生を敬愛し，学校の人々に親しんで，学級や学校の生活を楽しくすること」では生活科で培われるよりよい学校生活そのものといえる。道徳の内容の視点D「主として生命や自然，崇高なものとの関わりに関すること」の(17)「生きることのすばらしさを知り，生命を大切にすること」，(19)「美しいものに触れ，すがすがしい心をもつこと」では，児童が生活科の学習の中で，自分の誕生の話をもとに「生」を受けた素晴らしさを感じ取る。また，自然やその中に生きる動植物を大切にし，生命を大切にするなど，自然とのかかわりをもちながら，美しいものに感動していくのである。このほかに，低学年における道徳のA〜Dの視点に示された19の内容は，生活科の9つの内容と関連の深い事柄が多い。

　生活科では，このような内容は具体的な活動や体験の中で行われていくものであり，単独に取り出して行われるものではない。道徳の時間では，これらの

価値が直接取り上げられ，指導されることはいうまでもない。

（4）生活科と特別活動

　学習指導要領では，特別活動の目標を「望ましい集団活動を通して……」と示しており，集団活動を中心に活動が成り立っている。一方，生活科は自分とのかかわりを重視し，学習することを目標の一つとしている。よって，特別活動は児童が行う集団活動であり，生活科は自分とのかかわりからの体験活動ということができることから区別する必要がある。特別活動では，「基本的な生活習慣の育成」や「望ましい人間関係の育成」が重視される。例えば，「もっと町を知りたいな」という活動から，探検活動など体験活動をもとに発表会を計画したとする。町を知るためにいろいろな地域の人にかかわり，町の様子を知るということが一連の生活科としての活動になる。一方，特別活動の学芸的行事として，調べてきたことを学習の成果として総合的に発表し，鑑賞するとなると，特別活動の範疇となる。すなわち指導の際は，生活科の目標と特別活動の目標をしっかりと把握しておくことが大切なのである。また，低学年児童，特に入学当初の児童は，教師と児童の関係が中心になることから，児童相互の人間関係は少ない。徐々に大きな集団における幅広い人間関係の中で活動できるようにし，集団で活動する楽しさを味わわせたり，集団活動を通して，約束やきまりなどを守らなければならないことを理解させたりして，友達と一緒に活動できるようにする必要がある。例えば，「みんななかよし」の活動を想定してみる。ここでは，学習，給食や清掃など学校生活における基本的な習慣を身に付け，集団としての活動がある。生活科では，繰り返しはたらきかけたり，かかわったりすることが大切である。よって，いろいろな友達と活動し，友達の大切さなどを実感させたり，徐々に学校での生活に慣れるようにしたりするなどして，計画的に指導することが重要である。すなわち指導の際は，生活科の目標と特別活動の目標をしっかりと把握しておくことが重要であり，生活科の学習活動が生活習慣及び人間関係の育成の方向に振れ過ぎないよう配慮すべきである。

第2節　生活科と総合的な学習の時間

1．生活科と総合的な学習の時間とのつながり

　生活科で重視していることは，直接体験の重視であり，児童の生活圏を活動や体験の場としている。身近な人々や社会，自然を対象とするとともに，それらとのかかわりや自分自身の成長を振り返って，自己のよさや可能性に気付くことを大切にしている。これらのかかわりをもとに考えると，生活科とそれ以降につながる総合的な学習とは大きな関連がある。生活科の目標・内容は十分に配慮しつつ，総合的な学習の時間との関連を考えてみることが大切である。教育課程上の位置付けとしては，両者とも発達段階を考慮しながら相互に接続する教育活動と考えることができる。生活科は，教育課程の基準の示し方として，教科としての内容が示されている。生活科の内容の全体構成では，児童の生活圏としての環境に関する内容，低学年の時期に体験させておきたい活動に関する内容，自分自身の生活や成長に関する内容の3階層として構成されている。そして，さらに9内容が構成されている教科である。

　総合的な学習の時間については，学習指導要領第5章第1で「横断的・総合的な学習や探究的な学習を通して，自ら課題を見付け，自ら学び，自ら考え，主体的に判断し，よりよく問題を解決する資質や能力を育成するとともに，学び方やものの考え方を身に付け，問題の解決や探究活動に主体的，創造的，協同的に取り組む態度を育て，自己の生き方を考えることができるようにする」としている。総合的な学習の時間では，どの学年で何を指導するという内容を学習指導要領では示しておらず，各学校が創意・工夫して作成するものとしている。児童の体験的な活動を基本としているところは，生活科と同じものと考えることができる。また，生活科で培ってきた活動は，総合的な学習の時間で伸ばしてあげることが大切である。評価という観点でも，生活科では，子ども一人一人が学習の記録を残し，振り返る活動も重視している。これは総合的な学習の時間の「自己の生き方」にもかかわってくる。生活科の目標に示されている「自分と身近な人々」「社会及び自然との関わり」「自分自身や自分の生活」が基盤となり，総合的な学習の時間において，安全，キャリア，環境など，どのような学習課題が取り上げられても「自己の生き方を考える」につながるの

である。

　そこで，いくつかの視点から，生活科と総合的な学習の時間とのかかわりについて具体的に考えてみる。

（1）安全教育の視点から〔生活科内容（1）〕

　生活科と安全教育の視点から関連を考えてみることにする。児童を取り巻く環境が変化するなか，学校生活の中だけではなく，登下校も含めて，楽しく安全な生活ができるようにすることが求められている。生活科では，かかわりを大切にしていることから，じっくり，繰り返しかかわらせる活動を取り入れたい。そこから，安心・安全な町を実感し，自らの安全を守っていくようになる。特に，通学路と登下校において，そこにかかわる人々に関心をもつことは，児童の生活の場と関係が深い。例えば，実際に通学路を歩いたり，観察したり，調べたりしてみることである。そこでは，低学年児童の目線で，どこが安全で，どこに安全を守ってくれている人たちがいるのかなど，簡単な「安全絵マップ」の作成も考えられよう。そのことによって，通学路における危険な場所や安全について，自分たちを守っている施設や人々について気付き，安全な登下校をする行動化ができるのである。

（2）キャリア教育の視点から〔生活科内容（2）（3）（9）〕

　生活科とキャリア教育の視点から関連を考えてみることにする。「まちたんけんたい」の活動を考えてみよう。ここでの内容は，人とのかかわり，生き方に触れる活動を通して，地域で働いている人々，仕事に携わっている人たちがいることが分かり，親しみや愛着をもちながら接していくことである。そこで文部科学省「キャリア教育推進の手引」の4領域との関係から考えてみると，「人間関係形成能力」では多くの人たちとかかわる力，「情報活用能力」では，インタビューや手紙などの多様な方法を知り目的に応じて使う力，「意思決定能力」では，経験を生かしたり，興味のあることにこだわったりしながら進んでかかわろうとする力，「将来設計能力」では，自分の興味・関心のあることに繰り返しかかわろうとする力などである。

　生活科の内容（9）では，自分自身の成長の振り返りについて示している。過去の自分自身や出来事を思い出し，現在の自分との比較をすることである。また，成長の振り返りを確かめるため，自分ができるようになったこと，役割が

増えたこと，自分の成長を支えてくれた人々とのかかわりについても意識させていくことである。例えば，自分の家族の一人を紹介し，その人の役割などについて説明し合い，家庭のよさに気付く場の設定をする。家庭生活にはどのような仕事があり，誰が行っているかを調べる活動を通して，家族を支えている仕事や役割に気付く。家での活動に積極的に取り組み，自分にできる仕事に挑戦したりしてみるなど，自分の役割を積極的に果たしているという実感をもち，児童の成長の足跡が分かることになる。自分への振り返り活動は，目標に向けて挑戦し，主体的にものごとにかかわる活動であり，自己有用感や自己充実感にもつながる。自分の成長を振り返り生活することは，自立への基礎を養ううえで重要な意味をもつことになる。

（3）環境教育の視点から〔生活科内容(5)(6)(7)〕

　生活科を環境教育の視点から関連を考えてみることにする。具体的な活動としては，実際に野外に出かけ，諸感覚を使って繰り返し自然に触れ合うことや，自分なりの思いや願いをもって進んで自然にかかわることなどが考えられる。例えば，季節によって自然の様子が変わっていくことを教材として取り上げることが考えられる。学校の周りや通学路，野原や空き地で花を見付けたり，匂いを嗅いだりすること，暖かくなるとさまざまな生物が活動的になること，木の葉が色づくことや木の実が実ることを発見する。風，雨，霜，氷など天気による自然現象の変化や寒暖などを体感することなどである。児童は，こうした学習材を使って，視覚，聴覚，嗅覚，触覚，味覚など自然の素晴らしさを体験することになる。身近な自然とかかわる活動を繰り返し，春夏秋冬における変化や季節によって自然の特徴や性質を捉えたり，自然の生活の様子が変わったりすることを感じ取っていくのである。児童が自然に対して興味・関心をもち，積極的にかかわることを目指し，自然の面白さや不思議さ，素晴らしさ，楽しさなどを実感するようにさせ，環境に目を向けていく基礎となる感覚を身に付けさせていくことが大切である。

（4）福祉教育の視点から〔生活科内容(8)〕

　生活科と福祉教育の視点から関連を考えてみることにする。人とのかかわりが希薄化している現在，よりよいコミュニケーションを通して，情報を交換し，互いに交流を豊かにすることが求められている。特に生活科においては，身近

な幼児や高齢者，障害のある児童生徒など多様な人々と触れ合うことを大切にしている。自分たちの生活や地域の出来事を身近な人々と伝え合う活動を行い，互いに理解し合い，心を通わせてかかわることの大切さを実感として分かり，いろいろな人たちと進んで交流できるようにすることを目指している。直接話しかけるなど，言葉を中心とした活動が活発に行われるが，表情やしぐさ，態度といった言葉によらない部分も，伝え合う活動では大切にされなければならない。お互いに伝え合うことで互いの気持ちと心のつながりが豊かになる楽しさも大切である。こうした双方向のやりとりが協同的な関係につながってくるのである。また，幼児との交流も児童にとってはかかわることの楽しさを実感する有効な機会となる。個別支援学級の児童との交流を図り，一緒に校内の施設を見学しながら触れ合いや交流を広げていくこともできる。また，地域の高齢者の方々を学校に招待し，共に過ごすことなども考えられる。

　このほかの視点として，健康教育，食教育，国際理解教育などが考えられる。生活科の内容やねらいを明確にし，指導効果を高めるため，合科的な指導，関連的な指導に結び付けたい。

課　題

1. 生活科と他教科等の関連について，国語科を含め，各教科等から2点を選び，具体例を挙げて説明しよう。
2. 生活科と総合的な学習の時間の共通点，相違点について具体例を挙げて説明しよう。

参考文献

文部科学省「小学校学習指導要領（平成29年告示）解説　生活編」2017年
文部科学省「小学校学習指導要領（平成29年告示）解説　総則編」2017年
文部科学省「キャリア教育推進の手引」2007年
横浜市教育委員会「横浜版　学習指導要領　生活科編」ぎょうせい，2009年

第**4**章

生活科と幼児教育

　生活科の特質は，直接経験を重視した学習を行うこと，身の回りの地域や自分の生活に関する学習活動などを行い，自立への基礎を養っていくことにある。「幼稚園教育要領」及び「保育所保育指針」では，環境を通して教育することは，幼児の生活を大切にすることであるとしており，生涯にわたる人格形成の基礎を培う重要なものであるとしている。生活科も幼児教育も，総合的に学習を展開する点からすると関係は極めて深い。そこで，本章では，生活科と幼児教育との関係について具体的に学習する。

キーワード　認定こども園　幼稚園　保育園　スタートカリキュラム

第1節　小学校教育と幼児教育

1．小学校教育と幼児教育における接続・連携の背景

　「小学校学習指導要領解説　生活編　第1章　総説　2 生活科改訂の趣旨及び要点」の中に次のように示されている。「幼児期の教育との連携や接続を意識したスタートカリキュラムについて，生活科固有の課題としてではなく，教育課程全体を視野に入れた取組とすること。スタートカリキュラムの具体的な姿を明らかにするとともに，国語科，音楽科，図画工作科などの他教科等との関連についてもカリキュラム・マネジメントの視点から検討し，学校全体で取り組むスタートカリキュラムとする必要がある」。また，2017（平成29）年7月「小学校学習指導要領第1章総則第2の4学校段階等間の接続」には，「特に，小学校入学当初においては，幼児期において自発的な活動としての遊びを通し

て育まれてきたことが，各教科等における学習に円滑に接続されるよう，生活科を中心に（中略）指導の工夫や指導計画の作成を行うこと」としている。さらに，幼児教育で培われた成果を踏まえ，体験を重視しつつ，小学校生活に適応すること，基本的な生活習慣の育成など小学校教育に生かすことが，いわゆる，「小1プロブレム」（本書p.40参照）の問題を解決し，新入学児童が安心して学校生活ができることが期待されるとしている。また，幼児教育との接続の観点から幼児と触れ合うなど交流活動や他教科等の関連を図る指導は重要であり，特に学校生活の適応が図られるよう，合科的な指導を行うなどの工夫により，第1学年入学当初のカリキュラムを「スタートカリキュラム」（本書p.7参照）として改善するとしている。さらに，幼児教育と小学校教育との接続・連携の重要性を考え，幼稚園・保育所，小学校が互いの領域の中で子どもの実態把握，指導方法，活動内容等について，組織的，計画的な教師同士の交流で今まで以上に理解していく必要性も求めている。

第2節　幼稚園と小学校の教育内容・方法

1. 幼稚園教育要領

　幼稚園教育要領第2章「ねらい及び内容」において，「ねらい」では，幼児が生活を通して発達している姿を踏まえ，幼稚園教育全体で幼児が育つと期待される心情，意欲，態度などとしている。また，「内容」は，それを達成するため，教師が指導し，幼児が身に付けていくことが望まれるものとして達成する指導事項を示している。

　これらを幼稚園教育要領では，幼児の発達の側面から5つの内容を示している。
○心身の健康に関する領域「健康」。健康な心と体を育て，自ら健康で安全な生活をつくり出す力を養う。
○人との関わりに関する領域「人間関係」。他の人々と親しみ，支え合って生活するために，自立心を育て，人と関わる力を養う。
○身近な環境との関わりに関する領域「環境」。周囲の様々な環境に好奇心や探究心をもって関わり，それらを生活に取り入れていこうとする力を養う。

○言葉の獲得に関する領域「言葉」。経験したことや考えたことなどを自分なりの言葉で表現し，相手の話す言葉を聞こうとする意欲や態度を育て，言葉に対する感覚や言葉で表現する力を養う。

○感性と表現に関する領域「表現」。感じたことや考えたことを自分なりに表現することを通して，豊かな感性や表現する力を養い，創造性を豊かにする。

こうしたことから，一人一人の幼児の育ちへの視点として，遊びによる総合的な指導が求められている。すなわち，各領域単独で行われるものではなく，各領域で示すねらいは，幼稚園における生活の全体を通じ，幼児がさまざまな体験を積み重ねる中で，相互に関連をもちながら次第に達成に向かうものである。内容は，幼児が環境にかかわって展開する具体的な活動を通して総合的に指導されるものであることに注意をしておきたい。

2. 幼稚園・認定こども園・保育所・小学校における教育内容概要

幼稚園教育要領解説第3章第1第2節8「小学校以降の生活と基盤の育成」では，一般的な留意事項として，「幼稚園においては，幼稚園教育が，小学校以降の生活や学習の基盤の育成につながることを配慮し，幼児期にふさわしい生活を通して，創造的な思考や主体的な生活態度などの基礎を培うようにすること」としている。また，特に留意する事項として，「幼稚園教育と小学校教育との円滑な接続のため，幼児と児童との交流の機会を設けたり，小学校の教師との意見交換や合同の研究の機会を設けたりするなど，連携を図るようにすること」としている。ここでの交流とは，交流イベントだけではなく，教育的活動として目的をもって行うことが重要である。また，保育所保育指針第4章「保育計画及び評価」㈤の「小学校との連携」において，「㈠子どもの生活や発達の連続性を踏まえ，保育内容の工夫を図るとともに，就学に向けて，保育所の子どもと小学校の児童との交流，職員同士の交流，情報共有や相互理解など小学校と積極的な連携を図ることを配慮すること」としている。また，「㈡子どもの育ちを支援するための資料が保育所から小学校に送付されるようにすること」を示しており，幼稚園の場合とほぼ同様の内容となっている。

小学校学習指導要領第1章「総則第5　学校運営上の留意事項」として，「ア学校がその目的を達成するため，学校や地域の実態等に応じ，教育活動の実施に必要な人的又は物的な体制を家庭や地域の人々の協力を得ながら整えるなど家庭や地域社会との連携及び協働を深めること。また，高齢者や異年齢の子供

など，地域における世代を越えた交流の機会を設けること。イ　他の小学校や，幼稚園，認定こども園，保育所，中学校，高等学校，特別支援学校などとの間の連携や交流を図るとともに，障害のある幼児児童生徒との交流及び共同学習の機会を設け，共に尊重し合いながら協働して生活していく態度を育むようにすること」として，幼稚園及び小学校との連携の大切さについて示している。

　ここで，幼稚園と小学校の教育内容・方法について考えてみたい。幼稚園教育は，遊びを中心とした総合的な指導，いわゆる体験や経験を重視している。そして，幼児の興味や意識の流れに沿って活動が展開する。その際，教師は幼児の活動に沿って活動を方向付け，一人一人の経験や学びを重視していくことが必要になってくる。一方，小学校教育は，各教科等を中心とした学習指導である。時間割りに基づいた学習活動が展開し，目標や内容によって単元や教材が選択される。そこでは共通な活動，題材や教材になることが多く，学級全体での学び合いが重視される。これらの違いを把握したうえで，幼稚園，小学校でのつながりを図っていく必要がある。

3. 幼稚園・認定こども園・保育所における協同した学び

　幼児にとって「遊び」は大切な活動である。それは，強制されず，自らの興味関心をもって主体的，自主的，自発的に活動をしていくことでもある。まさに，自己目的的で，喜んだり，緊張したりするなど自分自身のそのままを表す，したいことをする自己を表すものであり，行為を表現したりしていくものである。そこには学習の源としての遊びがあり，心の癒しとしての遊びがメッセージとして表れてくる。

　幼児期前期は，幼稚園等の環境や人や物事などさまざまなことに出会う時期でもあり，遊びも一人遊びが中心となる。幼児期中期になると，園の生活にも慣れ，遊びも充実し，自己が発揮されてくる。そこでは友達との遊びや小集団での遊びが展開されてくる。

　小学校への就学を間近に控えた幼児たちになると，人間関係が深まり，互いに学び合い，共に協力していくことが可能になり，学びの集団へのステップが始まるのである。幼稚園教育要領の第2章「ねらい及び内容」の『人間関係』の内容の取扱い(3)では，「幼児が互いに関わり合いを深め，協同して遊ぶようになるため，自ら行動する力を育てるようにするとともに，他の幼児と試行錯誤しながら活動を展開する楽しさや共通の目的が実現する喜びを味わうことが

できるようにすること」としている。そのためには，遊びの中で，幼児同士の交流が自然に出てくる環境をつくったり，少人数での活動及び学級全体での活動を設定したりすることが必要であろう。また，学び合いや話し合いを教師が積極的に支援，援助することも大切である。異年齢との学びは，協同した学びの質を高めるためにも大切な活動である。

　幼児教育の基本は，遊びを中心として生活を通して総合的な指導をすることである。教師は幼児の活動に沿ってねらいを設定し，環境を構成しながら，幼児の活動を方向づけ，一人一人の活動に沿って，柔軟な指導を行うことにより，幼児の思いや願いに沿った多様な活動が展開されてくるであろう。

4．小学校教育での幼児教育のかかわり

　子どもたちのさまざまな遊びや活動を総合的に捉え，小学校以降の生活や学習に生かしていくことが大切である。これに関連して，小学校学習指導要領では幼児教育の流れを受けて，主に次のような指導をしていくことを求めている。

○生活　第3 指導計画の作成とその内容の取扱い 1 (4) では「他教科等との関連を積極的に図り，指導の効果を高め，低学年における教育全体の充実を図り，中学年以降の教育へ円滑に接続できるようにするとともに（中略），生活科を中心とした合科的・関連的な指導や，弾力的な時間割の設定を行うなどの工夫をすること」。2 内容の取扱い (5) では「具体的な活動や体験を行うに当たっては，身近な幼児や高齢者，障害のある児童生徒などの多様な人々との触れ合うことができるようにする」。

○国語　第3 指導計画の作成と内容の取扱い (7)「低学年においては，第1章総則の第2の4の(1)を踏まえ，他教科等との関連を積極的に図り，指導の効果を高めるようにするとともに，幼稚園教育要領等に示す幼児期の終わりまでに育ってほしい姿との関連を考慮すること。特に，小学校入学当初においては，生活科を中心とした合科的・関連的な指導や，弾力的な時間割の設定を行うなどの工夫をすること」。

○音楽　第3 指導計画の作成と内容の取扱い (6)「低学年においては，第1章総則の第2の4の(1)を踏まえ，他教科等との関連を積極的に図り，指導の効果を高めるようにするとともに，幼稚園教育要領等に示す幼児期の終わりまでに育ってほしい姿との関連を考慮すること。特に，小学校入学当初においては，生活科を中心とした合科的・関連的な指導や，弾力的な時間割の設定を

行うなどの工夫をすること」。

○図画工作 第3 指導計画の作成と内容の取扱い (7)「低学年においては, 第1章総則の第2の4の(1)を踏まえ, 他教科等との関連を積極的に図り, 指導の効果を高めるようにするとともに, 幼稚園教育要領等に示す幼児期の終わりまでに育ってほしい姿との関連を考慮すること。特に, 小学校入学当初においては, 生活科を中心とした合科的・関連的な指導や, 弾力的な時間割の設定を行うなどの工夫をすること」。

○道徳 道徳の内容の視点B「主として人との関わりに関すること」では, (8)「気持ちのよい挨拶, 言葉遣い, 動作などに心掛けて, 明るく接する」。(1)「身近にいる人に温かい心で接し, 親切にする」。(7)「家族など日頃世話になっている人々に感謝する」。

○特別活動 第2 各活動・学校行事の目標及び内容〔学校行事〕3 内容の取扱い (1)「児童や学校, 地域の実態に応じて, 2に示す行事の種類ごとに, 行事及びその内容を重点化するとともに, 各行事の趣旨を生かした上で, 行事間の関連や統合を図るなど精選して実施すること。また, 実施に当たっては, 自然体験や社会体験などの体験活動を充実するとともに, 体験活動を通して気付いたことなどを振り返り, まとめたり, 発表し合ったりするなどの事後の活動を充実すること」としている。

それでは, 生活科と幼児教育との共通点はどのようなことであろうか。幼児教育は, 集団としての学びの出発点でもある。この時期に育った感覚, 感性, 体験等はこれから成長する子どもにとって基礎的な資質の育成につながるものである。活動は遊びを中心として, 具体的な活動を通してさまざまな思考, 表現をする。

生活科は, 具体的な体験を通して自立への基礎を養うことにあることは今までも述べてきた。幼児教育は遊びを中心に活動や学びが展開されるが, 生活科でも同様である。遊びからすべてが始まり, 遊びの中から学んだ事柄を通して, 生活科をはじめとする低学年の教科等学習を中心とした学びが展開されるのである。こうしたことから, 幼児教育と生活科との間には, 「遊び」は両者を円滑に接続させるものであるともいえる。これは, 子どもが成長する過程においては大きな役割を担っているといえる。そのほかにも, 生活科と幼児教育の共通点として, 共に人生の基礎的な資質の育成や具体的な活動を通して思考して

いくことの大切さも挙げられる。このように「遊び」を中心とする活動を基盤に，国語，音楽，図画工作などと融合，関連させ，有効に生かしていくことが大切である。また，幼児教育と小学校との円滑な接続の観点からみると，まず一つ目に基本的な生活習慣や生活上のきまり，心と体の健康や安全などの生活にかかわるものがある。二つ目に多様な体験から生まれる豊かな表現力と感性，生命尊重を大切にした豊かな心情，探究心や好奇心など，知や徳にかかわるものがある。三つ目に，自分の言葉で表現したり人の話をよく聞いたりするなどの言葉への関心，認め合う人間関係の確立などコミュニケーションにかかわることがある。児童及び園児の相互の交流活動は，生活科と幼児教育の接続の意味からも共通なところがある。

第3節　幼児教育と小学校教育の接続

1．幼稚園等と小学校の連携

　生活科の教科目標「自立への基礎を養う」と幼稚園教育要領，保育所・保育指針のねらい「生涯にわたる人格形成の基礎を養う」とは深くかかわっている。幼児期の発達性を踏まえた，主体的な遊びを中心とした，総合的な遊びについて，小学校ではよく理解しておく必要がある。特に入学時期には，他教科等との合科関連を図る単元構成が必要である。幼児教育と小学校教育との円滑な接続のためには，幼児と児童との交流をはじめとして，教職員の意見交換や研究の場を共にすることが大切である。前述したように，幼稚園等では，さまざまな環境を考慮しながら遊びを中心とした生活を通して体験を重ね，個々にあった総合的な指導を行っている。小学校では，各教科等の内容を教材・題材を用いて学習している。生活の変化に対応できるようにしていくことも学びの一つして捉え，その場その場に対応した教師の指導が重要になってくる。子どもは，小学校に入学したから即，変身するものではない。子どもの発達と学びは連続していることから考えれば，幼児教育と小学校教育は円滑な接続を図り，連携を図ることが大切である。また，小学校の教師が幼稚園や保育所での学びを知ることも大切である。例えば，「鬼ごっこ」という一つの遊びの中で，幼児は総合的にいろいろなことを学び，その活動過程で心身のさまざまな発達に必要な

経験が，相互に関連し合い積み重ねられていくのである。そのような遊びを中心とした総合的な学びについて，理解しておく必要がある。このことを基軸としながら，幼稚園等と小学校がそれぞれ指導方法を工夫することが大切である。

　また，別の角度から見ると，子どもの発達と学びの連続性を確保するためには，幼稚園等や小学校の教師相互が幼児期から児童期に至る発達の状況を理解することが重要である。そのためには，相互の教師が子どもに関して長期的な視点で教育内容や指導法の共通点，相違点について理解を深めていくことが大切である。例えば，小学校の教師が実際に幼稚園等に出向き，幼児や幼稚園教諭等とともに活動したり，保育参観したりしながら意見交換を行うことも考えられよう。逆に，幼稚園教諭等が小学校を訪問し，成長した子どもたちの様子をつぶさに観察しながら，小学校での学びの様子から，共通点，相違点について理解を深めていくことも考えられよう。生活科では，他教科等との関連を積極的に図り，生活科を中心とした合科的な指導も行っていることも相互の理解として位置付けておく必要がある。また，合同の研究会や研修会の中で互いに理解し，年間計画の作成や交流活動の事前の打ち合わせなどを積極的に行い，幼稚園，認定こども園，保育所，小学校が互いに果たす役割についての理解を深めておくことも大切である。さらに，お互い目的をもって交流し，どのような力を付けようとするのか，指導計画の情報を交換するなど共通理解を図っておくことである。このように，幼稚園・認定こども園・保育所，小学校それぞれが子ども観を共有化することで，子どもの一人一人の育ちにつながっていくのである。幼稚園，認定こども園，保育所，小学校の合同研修や幼稚園教諭，保育士，小学校教諭による意見交換，交流会などを実施することや，保育所や幼稚園の園児と児童の交流など幼・保・小の連携を進め，幼児期の教育が小学校につながるよう三者が相互に連携を図りながら取り組むことが求められている。

2. 授業交流の実際

　子どもたちは，学校や家庭，地域などの取り巻く環境とかかわり合いながら成長していく。しかし昨今，人とのかかわりが希薄になり，核家族化，少子化など，自らかかわる経験が不足しがちな環境にあると指摘されている。これらを解消するために，さまざまな試みがされている。

（1）総合的な活動から交流する

　幼・保・小の交流活動では，子どものかかわり合いを大切にしたり円滑な接続を目指したりする交流活動が大切である。そのため子どもたちには，自分も相手も大切にすること，成就感や自己存在感をもてる活動，園や学校，そして，地域や家庭が一体となって子どもを育てていくという環境が大切になってくる。

　例えば，児童や園児の協同した遊びや学びを主眼に「秋のたからものまつりを楽しもう」の活動があるとしよう。ここでは，見付けたドングリや落ち葉を使って，児童と幼児が一緒になって，作り，遊び，ゲームをしたり，お店を出したりして行う活動が考えられる。ここでは，秋を楽しむための道具や背景などの造形活動，場を盛り上げるための音楽活動などが考えられる。1年生は自分で遊ぶだけではなく，幼児に作り方や歌を教えることで自分の成長を実感する。また，相手意識をもって幼児に優しく接したり，お店の運営を通して自分の役割を果たしたりすることができる。幼児にとっては小学生との交流から小学校に親しみ，学校への不安を解消し，期待感をもつことができる。しかし，ここで注意したいことは，ねらいに即して無理のない活動を組むことが大切ということである。

（2）期待を膨らませる連携した活動

　園児が就学前に小学校を訪問し，「学校探検」する活動を例に挙げてみよう。ここでは，授業参観や校内の見学などを通して，学校の様子を知り，期待感，安心感をもたせるというものである。状況によっては，給食を試食し，交流することも考えられよう。協同した学びを生かした学習に視点をおくと，幼稚園や保育所では，小学校生活に期待をもち，小学校のお兄さんお姉さんと仲良くなること，1年生は，自分たちの作った作品を紹介し，その時に相手意識をもって活動することが考えられる。児童の優しい気持ち，他者への思いやりなど内面的な成長が見て取ることができる。園児が小学校という場を訪れ，展開する活動は多くある。逆に児童が園に出かけ，実際に活動する場合も考えられる。例えば，「読み聞かせ」活動などが挙げられる。国語の学習で練習した朗読を園児たちに発表するものである。ここで，児童たちは，園児たちに新たな自分の活躍の場を，自己存在感や自己有用感を味わうことができる。園児たちは，年上の小学生とのかかわりから，「自分も1年生になったら，みんなの前で本を読みたい」という憧れや夢をもつであろう。児童にとって就学という段

差はある。しかし，教師や保育者が意識して相互にねらいをもって，連携のある活動を考えていくことによって達成感を味わわせることができるであろう。

　このように児童は，幼稚園や保育所の年長児などと触れ合う活動を通して，間接的に自己の成長を実感することができる。また，長期にわたる自己の変容を捉えさせるために，作品や読書カードなどで自分の成長を見つめ直すこともできる。児童の成長を捉え，認めたり，励ましたりしていくことを心がけることを忘れてはならない。

（3）年間を見通しての交流

　交流の時期としては，小学校，幼稚園等ともに学期の後半が活動の場としては望ましい。そこで考えられる活動としては，例えば，図画工作を通して表現する楽しさを味わう造形遊び，体育的活動を通して，心と体をほぐす「リトミック遊び」，国語科との関連からの音読発表会，地域の人たちも含めて交流を図る「昔あそび」，園児を招待しての「学習発表会」，就学前の「学校探検」活動など，直接体験を通してかかわることを，遊び，そして学ぶことは意義深い。このような活動を通して，進んで相手の思いを感じ取り，自分も相手も大切にすることを経験的に学び，生かすことができる子どもの育成にもつながる。すなわち，幼児，児童双方が育ったことなどを身近に感じられ，互いにとって意味ある活動を学校の行事等として有効に生かし，共に学び合う活動を進めることが重要である。その際，無理のない計画を立て，児童及び園児の実態，学校・園を把握し連携をとりながら進めることが大切である。また，幼稚園，保育所，小学校が相互に行き来し，協働型の交流も考えられる。とかく，一方的に小学校に園児を招待する交流がみられるが，年間を見通して，園や小学校で招待し合いながら体験活動し，互いの成長を図るための交流も考えられる。そのためには，幼・保・小の指導計画の情報交換をしながらよりよい幼稚園等から小学校への接続が望まれる。なお，交流活動はさまざま考えられるが，スタートカリキュラム及びアプローチカリキュラムを踏まえた年間計画を見通して進めることが肝要である。

コラム

小1プロブレム

　入学したばかりの子どもが,学校という新しい環境になかなかなじめず,授業中立ち歩き,教師の指示などを聞かず,勝手な行動をとったり,自分中心の行動をとったりすることなどがよく聞かれるようになった。基本的な生活習慣の欠如,コミュニケーション能力や耐性の不足など,家庭や社会での育ちの変化が原因であるともいわれている。

スタートカリキュラム

　スタートカリキュラム（本書では,4月から7月までを想定）は,幼児教育から小学校教育へのスムーズな接続を大切にした入学当初のカリキュラムのことである。このカリキュラムでは,生活の中の興味・関心を中心として活動や体験を入れたり,他教科等との合科・関連を図ったりしながら授業が展開されていく。学校生活への適応,新しい人間関係づくり,協同した学びを生かした学習や活動を展開することでその成果が期待されている。

　なお,幼稚園等では就学に向けて子どもたちが自信をもって就学できるようにするために,アプローチカリキュラムとよばれるカリキュラムをつくっている。

課　題

1. 幼児教育と小学校教育との円滑な接続を図るため,どのような連携を図ったらよいか,視点を定めて説明しよう。
2. 生活科と幼児教育との共通点と相違点を説明しよう。
3. 幼児教育と小学校低学年教育の教育内容,方法について具体例を示して説明しよう。

参考文献

厚生労働省「保育所保育指針（平成29年告示）」フレーベル館,2017年
文部科学省「小学校学習指導要領（平成29年告示）解説　総則編」2017年
文部科学省「小学校学習指導要領（平成29年告示）解説　生活編」2017年
文部科学省「幼稚園教育要領（平成29年告示）解説」フレーベル館,2018年
横浜市教育委員会「横浜版　学習指導要領　指導資料　生活科編」ぎょうせい,2010年

第 **5** 章

生活科の評価

　「評価」とは何か。誰が何を目的として，何を評価するのか。一般に「評価活動」とは，担任・教師が自分の指導の効果や児童生徒（以下「子ども」という）の学習の成果を評価するとともに，それを指導に生かし授業内容の理解を一層深めるために行われるものである。B・ブルームの完全習得学習（マスタリー・ラーニング）は，その代表的な理論である。完全習得学習理論では，「指導と評価」を一体的に捉え，指導の手掛かりを得る手段とされ，「診断的評価」「形成的評価」「総括的評価」の3つの評価活動を通して，一人一人の学習者に一定水準以上の学力を保証することを目的としている。それでは，生活科の評価はどうか。本章では，評価の基本的な考えや生活科評価の進め方などについて学習する。

キーワード　自己評価　形成的評価　観点別学習状況評価

第1節　評価の機能と生活科

1. 評価の意義と機能

　評価とは，正確には「教育評価」のことをいう。教育活動は子ども一人一人の望ましい成長発達を図るものであり，教育評価はその程度をチェック・判断し，それ以降の教育活動に生かすためのものである。例えば，各教科学習においては教科の目標があり，評価はその目標からみて子どもはどの程度理解・達成できているか，つまずきは何かなどを見取り，その後の教育指導に役立てる。つまり，教育活動と評価活動は，表裏一体（指導と評価）のものであり，よく車の両輪にたとえられる。そして，その望ましい相補作用によって，教育の成

果が期待できるのである。

　従来，この評価と「評定」については混同が見られた。従前の評価は，各教科の観点別評価や学級・学年内の相対評価などが主流であり，いわゆるペーパーテスト等による評価・評定の傾向が強かった。加えて，各教科の学習過程における一人一人の子どもの活動状況などを把握し，よい点や可能性を発見しながら適切に支援するという点では不十分な面が見られた。その結果，子どもには，「評価は教師が行うもの，自分はそれに従うもの」といった受け身で消極的な評価観が植え付けられたと考えられる。そして多くの保護者も評価について"受動的なイメージ"をもっていたのではなかろうか。今日，新たな時代の評価，換言すれば負のイメージの打破，肯定的な評価が強く求められるようになっている。

　このことに関して，小学校学習指導要領総則（2017（平成29）年）では，「学習評価の充実」について次のように述べている。

　児童のよい点や進歩の状況などを積極的に評価し，学習したことの意義や価値を実感できるようにすること。また，各教科等の目標の実現に向けた学習状況を把握する観点から，単元や題材など時間のまとまりを見通しながら評価の場面や方法を工夫して（中略）資質・能力の育成に生かすようにすること。

　一般に評価の機能は，次のように捉えることができる。

①指導機能―――教育目標からみて指導がどの程度充実したかを判断し指導をよりよいものにする。

②学習機能―――児童生徒の学習や活動状況を判断し，意欲的な取り組みに導き，一層充実させるようにする。

③管理機能―――学習や活動の成果を判断し，A，B，Cなど一定の形式に当てはめて評定する。（指導要録や通知表など）

　このうち，①及び②のように，評価によって一層の充実と発展に導いていくところに，評価の教育的な意義を認めることができる。つまり，評価することによって，よりよいものへ方向付けていくという，フィードバック機能があるということである。具体的には，次の3つを押さえて，評価活動に取り組むことが肝要である。

(1) よさや可能性を伸ばす評価—共感的な理解

　評価は，子どもがもっている個性的なよさや可能性を見取り，それを伸長しようとするところに教育的意義がある。学校・教師は，このような評価を意図的継続的に行うことが重要であり，そのためにも共感的な"児童理解"が欠かせない。例えば，一人一人の子どもを，全人的に①知的側面，②情意・社会的側面，③進路発達的側面，④身体的側面から捉える。あわせて，学校生活のみならず地域・家庭での子どもの行動や生活などについても適切に把握することに努める。こうした児童理解に当たっては，子どもとの接し方について，学校・教師は，一人の人間として共感的な態度で臨むことが大切である。ここでいう「共感的な態度」とは，子どもの立場に立って話を聞き，その子が何に関心があり，どのように感じているかをありのままに受け止めることである。

　言い換えるならば，批判的な態度ではなく，受容的・親和的な態度に徹することに他ならない。教師がこのような態度で子ども一人一人に寄り添い理解していくことは，これからの教育評価に不可欠である。担任・教師が子どもを共感的に理解することは，その子どものよさや可能性を見取り，それをさらに伸ばしていくことにつながるからである。例えば，生活科の学習指導でよく見られる子どもの考え方や感じ方，表現の仕方などは，その子らしい個性の表出であり，またその子らしさの表れであると捉えることができる。したがって，担任・教師は子どもの学びの姿を温かく見守り，子ども一人一人のよさや可能性を伸ばす観点から愛情をもって接していくことが大事である。

(2) 子どもの自己変革を促す評価—自己評価

　今日まで，学校・教師は，評価を子どもの「やる気」や「自信」を促すという視点から捉え，評価活動をしていたか。評価することによって一人一人の子どもの学習意欲を高揚させるとともに自信がつくようにしていたか。従前の評価では，"評価"を評定的に捉え，他者と比較したり序列化したり，また，一定の基準への到達度を測定したりすることに重点が置かれていたのではなかろうか。「評価は教師が行うものであり，自分はそれに従うもの」といった評価観は，子どものみならず教師にもあり，子ども自身が自己変革を促すという評価の機能が生かされていなかったのではないか。教師の評価観が問われるところである。

　子どもは，本来個性的な存在であり，子どもが大きく成長する時期やそのきっ

かけ，また度合いも，一人一人それぞれ異なっている。

　今日，"確かな学力"の定着は極めて重要であり，一定の基準への達成度（目標準拠評価）を測ることは重要なことである。そのため，評価を単に評定的に捉え，他者と比較したり，序列化したりすることだけに目がいくようなことのないようにする必要がある。ここでいう「基準への達成度」を測るとは，一人一人の子どもが学習のどこでつまずいているのか，その原因は何か，また学習に積極的・意欲的に取り組ませるためには何が必要かなどを分析することである。そして，評価結果から得られる情報を多面的に捉え，その情報を手掛かりに「よさや可能性」が一層伸びるように温かく支援することが求められる。つまり，学校・教師は，評価の機能「子ども一人一人の自己変革を促すために行うものであること」を明確に押さえて取り組むことが肝要なのである。

　例えば，第1学年の生活科の学習で夏の公園に行って，昆虫（バッタ）を捕まえた子ども（「バッタゲット！」と言いながら走ってきた）がいた。そのとき担任・教師は，「どこで捕まえたの？」とか，「どういうところにいるの？みんなにも教えてあげて」，「バッタの捕まえ方，誰に教えてもらったの？」というように，その子の活動を受け止め，声掛けをした。このような声掛け（評価）によって，子どもは自ら体験して得た"気付き"が知的な気付き（自己評価）になっていったのである。

　担任・教師の適切な評価（言葉掛けなど）はその子の主体的な取り組みを認め，子ども自身の自己変革を促すことにつながるのである。

(3) 指導法の改善や指導計画の見直し―教師自身の評価

　評価とは，繰り返しになるが，子ども一人一人の自己変革を促し，その子の望ましい成長を助長し促進していくものであるが，同時に，教師自身の指導法や指導計画，学習環境等を改善し充実させるもの（教育評価）でなければならない。評価は，子どものみならず教師にも役立つもの（指導機能）となることが大切である。換言すれば「評価は指導のためにある」といってもよいのである。加えて，評価は子どもや教師にとどまらず，学校や保護者，さらには教育行政担当者などの働きにも影響を及ぼすものである。学習指導面における評価については，例えば担任・教師は，子どもの多様な学びを見る中で，教師の指導方法は適切であったか，発問や指導資料は，子どもの実態を踏まえ，確かな学びを促すものになっていたか，改善すべきことは何かなどを吟味・検討する

ことが求められる。また，学校・教師が作成した指導計画の展開に当たり，「この単元のねらいを踏まえ，単元指導計画に即して円滑に実施できたか」，「学習環境や学習の場（環境構成）などは適切であったか」など絶えず見直すことを繰り返さなければならない。担任・教師は，このように評価を通して指導方法と指導計画を見直し，改善と充実を図ろうとする姿勢・構えが大事であり，日頃から意図的に実施したいものである。

2. 指導と評価の一体化

生活科の評価は，学習過程における一人一人の子どもの学習活動を支援するためのものであり，長期的に子どもの変容の状況を把握し，その後の学習活動に生かすことを基本としなければならない。このことは，言い換えるならば「指導と評価の一体化」を図ることであり，指導と評価が表裏一体の関係にあること意味している。そのため，子どもの側に立って一人一人の豊かな自己実現を温かく支援していくことが求められる。

例えば，生活科の学習で，観察ノートの記入や絵日記作りなどに取り組んでいる子どもに，担任・教師は「よく書けているね」とか「すごい発見をしたね」などの声掛けをする。この言葉掛けは，「その調子でがんばればいいよ」という支援的な指導の意味が含まれており，指導と評価の一体化の一つの表れである。これからも特に重視したいことである。

ところで，今日「指導と評価の一体化」は必ずしも効果的に実施されているわけではない。何故か？　どこに原因があったのか？　これまでの取り組みを振り返ったとき，観点別学習状況の評価規準が評定のために利用されるだけで，学習指導の工夫・改善に十分に生かされていなかったのではないか。また，あまりにも細かい項目等を設定しすぎ，その結果，チェック作業に追われ（負担感），いつしか煩雑なものになっていたのではなかろうか。担任・教師は，観点別学習状況の評価規準を学習指導の工夫・改善に生かすために活用し，より一層「指導と評価の一体化」を目指したい。

第2節　生活科評価の特質と内容

1．生活科の目標と評価の特質

　新学習指導要領・生活科の目標は第2章第1節で述べた通りである。

　生活科の評価においては，生活科の目標に照らして，次のような特質があることをまず押さえておくことが大事である。その一つは，具体的な活動や体験の広がりや深まりを評価することにある。具体的な活動や体験を通して学ぶことを基本にする生活科は，例えば，見る，聞く，触れる，作る，探す，育てる，遊ぶなどを通して身近な環境に直接働きかける学習活動やそうした活動の楽しさ，またそこで気付いたことなどを言葉，絵，動作，劇化など言語活動等によって表現する。この学習活動が，どのように広がり，深まり，その中で何を考え，工夫し，何に気付いたかを評価することである。その二つは，一人一人のよさや可能性に着目して評価することである。自分とのかかわりを基本にする生活科は，子どもにとって意義や価値のある学習活動が展開される。関心・意欲・態度，思考・表現，気付きなどが，その子なりにどのように発揮されているか，一人一人のよさを見取ることが求められる。そして，その三つは，実践的な態度を評価することにある。生活科は，自分自身や自分の生活について考えさせる，またその過程において生活上必要な習慣や技能を身に付けさせる。そして，究極的には「自立し生活を豊かにしていくための資質・能力」を養うことを目指す教科である。すなわち，子どもがよき生活者になることを目指しているのである。このことから，担任・教師は，生活科の評価に当たり，子どもが学校，家庭，地域の中で，どのように考え，工夫し，生活・行動するようになったかを見取ることが重要になるのである。

2．生活科の内容構成

　生活科の内容は，新学習指導要領では9項目から構成されている。

　各内容項目は，生活科のねらいや目指す子ども像，また子どもを取り巻く学習環境の実態，社会的要請などを踏まえて設定されたものである。その基本的な視点として次の3点が挙げられている。

①自分と人や社会とのかかわり

②自分と自然とのかかわり

③自分自身

　この基本的な視点は，具体的な活動や体験を通して学ぶとともに，自分と対象とのかかわりを重視する生活科の内容の基本構造でもある。

　生活科は，具体的な活動や体験を内容の一環としているところに特色があるが，この「具体的な活動や体験」は，単なる手段や方法ではなく，目標であり内容でもある。つまり，生活科で育みたい子どもの姿をどのような対象とかかわりながら，どのような活動を行うことによって育てていくかがポイントであり，そのこと自体が内容となって構成されている。今回新たに加わった「生活

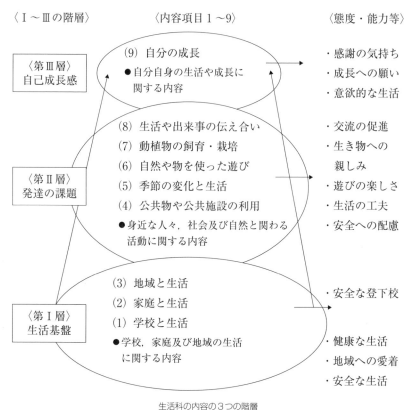

生活科の内容の３つの階層

（学習指導要領解説「生活編」第３章より）

や出来事の伝え合い」を含めて9項目の内容は，前頁の図のように整理（全体構成）することができる。

　前記のように内容構成を捉え，相互の関連なども考慮しながら各単元計画を作成し，具体的に取り組むこと（指導と評価）が重要である。

3. 生活科評価のポイント

　生活科評価に当たっては，特質を踏まえて取り組むことが肝要である。そのポイントは，端的にいうと次の3点（カメラの機能）にある。

---

(1) 広く見る（ワイドの目）……（例）具体的な活動や体験を見取る。身近な社会や自然，人とのかかわり

(2) 絞って見る（フォーカスの目）……（例）個々の子どもの取り組みを捉える。

(3) 長く見る（ロングの目）……（例）実践的な態度を見取る。その子の変容を長期的に捉える。

　　　　　　　　※一人一人の子どもを広く，絞って，長く捉える。

（1）具体的な活動や体験を見取る―ワイドの目

　生活科の評価の特色の一つに「具体的な活動や体験を評価すること」がある。これは，具体的な活動や体験の広がりや深まりを見取るということであり，一人一人の子どもが，具体的な活動や体験を通して，その子なりの見方や考え方，行動などがどのように広がり，深まったか，また，そうした取り組みの中で，どのようなことに疑問をもち，気付き（知的な気付き），感じたかなどを，具体的に評価することである（生活科評価では，ペーパーテストがなじまないのは，そのためである）。

　今日，特別支援教育に関する子どもをはじめ，多様な感性をもつ子どもが在籍している。担任・教師は，何よりも子どもの具体的な活動や体験を見取り（ワイドの目），興味・関心や学習意欲の高まりなどを評価することが大事である。例えば，生活科学習において子どもの活動を観察していると，その子らしい知恵や工夫を発揮している場面や友達と一緒に粘り強く活動している場面，一人でじっくりと取り組んでいる場面などに出会うことがある。また，子どものつぶやきや仲間同士の会話の中にも，子どもなりのこだわりや関心，意欲の高揚などを見ることができる。加えて，個々が書いた観察ノートや制作した作品の

中にも，その子らしい表現が現れていることが少なくない。このように子どもの具体的な活動や体験を効果的に評価するためには，子どもと共感的にかかわろうとする教師の姿勢（共感的な態度）が欠かせない。

　担任・教師が，積極的に子どもとかかわり，共に取り組むと，個々の子どものよさやがんばり具合が見えてくるものである。その際，教師は子ども一人一人の動きを捉え，それを記録しておくことを忘れてはならない。それを手掛かりに，子どもがどのように変わったのか，そのきっかけは何か，教師のかかわりは，適切であったかなど指導と評価の一体化につなげることができるからである。

(2) 子ども一人一人に即して見取る―フォーカスの目

　生活科は，「学習内容を構成する際の基本的な視点」で明らかにしたように，①自分と人や社会とのかかわり，②自分と自然とのかかわり，③自分自身を基本とする教科である。つまり，子ども一人一人が，身近な人や社会，自然とかかわり，自分なりのものの見方や考え方，感じ方などを大切にしながら，自分のがんばりやよさに気付くとともに，意欲と自信をもって学習・生活するようになることを目指す教科である。

　したがって，評価に当たっては，担任・教師はこうした教科の特性を踏まえ，「子ども一人一人に即した評価」を行うことに徹しなければならない。子ども一人一人に即する評価とは，特別支援に関する子どもを含め一人一人の子ども（フォーカスの目）なりの興味・関心，意欲，態度，気付きなどが，具体的な活動や体験の場でどのように発揮され，どのように表れているかをそのまま捉えることである。言い換えるならば，生活科においては他者との比較ではなく，その本人の取り組み，つまり「個人内評価」が重要なのである。

(3) 実践的な態度を見取る―ロングの目

　生活科の評価は，目標に照らして子どもがよりよい生活者になることを目指し，自らがどのように考え，何を感じ，どのように工夫したか，また何ができるようになったかなど，主として子ども一人一人の実践的な態度を多面的に見取ることが求められる。実際の評価では，子ども一人一人の興味・関心や意欲，態度などについての評価に重点を置くようにする。低学年の子どもの興味・関心，意欲，態度などは，平素の学びにおける態度や行動に表れてくるものであ

り，教師はそのような子どもの動きを捉えることが必要になる。このような子どもの態度面を重視する評価に当たっては，単に一単位時間，あるいは一単元というような比較的短いスパンの中では捉えにくいことに留意することが欠かせない。

　例えば，2年生の植物（さつまいも植え）の学習の際，土の中にいる虫にこだわった子どもがいた。その授業ではさつまいもの苗植えが主なねらいであるが，土の中から出てきた虫に興味をもち，結果的にその時間には，教師の助けを借りなければ苗植えはできなかった。しかし，その後の植物の世話は，他のだれよりも熱心で，観察も丁寧にしていたのである。

　このように比較的長期（ロングの目）にわたり，その子どもの変容の様子を多面的に捉えることが重要なのである。

第3節　生活科評価の進め方

1．学習指導における評価の三形態

　学習指導は，次の図に示すように学習過程（教育プログラム）全体の中で考える必要がある。

　教育評価は，繰り返しになるが，子どもの実態を把握し教育活動を効率よくするために行われるものである。的確な評価によって，教師自身の指導法や指導計画の改善工夫を図るとともに，子ども自身が自らの学習成果を確認し，一層学習意欲を高めるようにすることが肝要である。

①診断的評価（指導前）

　担任・教師は，これから扱う単元の到達目標を明確にし，それを子どもにも明らかにする。そして，学習の前提となる子どもの能力や特性，興味・関心，能力など子どものレディネスを把握する。それが"診断的評価"である。例えば，新しく学習する単元の学習展開の基礎となる既習の学習成果などを診断し，指導計画を一部修正したり，子どものつまずきを探ったりすることをねらいとして行うものである。教師は，このことを踏まえ，指導計画の立案となるが，その際，全体の指導目標とともに個々の子どもに応じて，柔軟に目標を設定することも必要である。

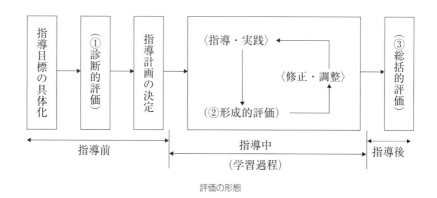

評価の形態

②形成的評価（指導中）

　指導目標に対してどの程度理解がなされたかを学習指導中に適宜把握することが必要である。これが"形成的評価"である。これによって，担任・教師は，その後の指導法や支援の仕方などの修正・調整を行うことができる。そして，子どもは，自らの学習活動を自己評価し，また相互評価などを通して振り返り，次の学習に進むことができるのである。

　このような形成的評価については，多様な評価方法（テスト法，質問紙法，観察法，面接法，他）があるが，それぞれを関連的・効果的に活用して，より妥当性や客観性の高い評価をすることが大事である。

③総括的評価（指導後）

　これは，単元の学習終了時などに，子どもの学習の成果を多面的に診断するとともに教師の指導の在り方を評価するものである。これが"総括的評価"である。ポイントは，ここで得られた結果をそのまま評定のための資料と考えてはならないことである。この総括的評価によって，子どもは次の単元への意欲付けを図ることが期待できるし，また教師自身も指導法の改善への方向を明らかにすることができるのである。

2．指導要録と生活科の評価の観点

　観点別学習状況の評価は，指導要録に記録するだけでなく，きめの細かい学習指導と児童生徒一人一人の学習内容の確実な定着を図るため，日常の授業においても適切に実施されるべきものである。新しい学習指導要領が，「生きる力」

の理念を引き継いでいることからも現在の評価の観点は基本的に踏襲されるものと考えることができる。

「現在の評価の3観点と学力の3つの要素との関係では，教科によって違いを無くすよう設定されているものの，「知識・理解」及び「技能・表現」が基礎的・基本的な知識・技能を，「思考・判断」が知識・技能を活用して課題を解決するために必要な思考力・判断力・表現力等を，「関心・意欲・態度」が主体的に学習に取り組む態度を，それぞれ踏まえている。新しい学習指導要領においては，思考力・判断力・表現力等を育成するため，基礎的・基本的な知識・技能を活用する学習活動を重視するとともに，論理や思考等の基盤である言語の果たす役割を踏まえ，言語活動を充実することとしている。これらの能力を適切に評価し，一層育成していくため，各教科の内容等に即して思考・判断したことを，その内容を表現する活動と一体的に評価する観点を設定することが適当である」（「児童生徒の学習評価の在り方について」中央教育審議会）。

前回の学習指導要録でも，観点別学習状況の評価が重視されてきた。各教科にあっては，「関心・意欲・態度」「思考・判断」「技能・表現（または技能）」「知識・理解」となっていた。観点別学習状況の評価において大事なことは，「何がどの程度実現されたか」ということである。「何が」とは，目標にかかわって明確にされるものであるが，生活科では，学習指導要領に示されている目標や内容が子ども一人一人にどの程度身に付いたかを見取るようにする。生活科の観点別学習状況の評価の観点については次頁の表になる。

これらの観点は，上述したように生活科の教科目標の観点（1〜2年）に基づくものであり，目標と同様に相互に密接な関連があるものとして捉える必要がある。具体的には，次の観点から評価することになる。

①知識及び技能の基礎

生活科は，身近な環境を学習の対象や場にし，具体的な活動や体験を通して学ぶものである。個々の子どもはその中で，驚いたり，感動したり，不思議に思ったり，自ら考えたり工夫したりなどしてさまざまなことに気付いていく。したがって，この観点の評価は，一人一人の子ども（フォーカスの目）がそうした具体的な活動や体験を通して生み出す"知的な気付き"を大切にし，具体的な活動や体験をしながら，どのようなことにどの程度気付いているかを見ていくことになる。

生活科評価の観点と内容・趣旨

観　点	内　容　・　趣　旨
①知識及び技能の基礎	具体杓な活動や体験をしながら，自分と身近な人，社会，自然とのかかわり及び自分自身のよさに気付いている。
②思考力，判断力，表現力の基礎	具体的な活動や体験について，自分なりに考えたり，工夫したりして，それを素直に表現する。
③学びに向かう力，人間性等	身近な環境や自分自身に関心をもち，進んでそれらとかかわり，楽しく学習や進んでそれらとかかわり，楽しく学習や生活をしようとする。

②思考力，判断力，表現力の基礎

　生活科は，具体的な活動や体験を通すことが基本である。それは，自分を取り巻く人々，社会，自然が自分自身にとってもつ意味に気付き，身の回りにあるものをもう一度見直すとともに，切実な問題意識をもって新たな働きかけをしたり表現したりすることである。

　この観点の評価は，子どもが考えたり工夫したりして，どのように活動を広げ深めたか（ワイドの目），また，活動や体験の楽しさや気付いたことなどについてどのように表現しているかを見ていくことになる。

③学びに向かう力，人間性等

　生活科は，その目標から，子どもの生活する身近な環境，自分自身や自分の生活に関心をもち，そこに積極的に向かっていくようにしていくことが求められる。したがって，子どもが身近な人，社会，自然，自分自身や自分の生活に関心を示し，どれほど意欲的に取り組んでいったか，また，そうした取り組みを通して，どのような態度を身に付けたかを見ていくことになる。この観点の評価は，継続的に，ある程度長期（ロングの目）にわたって見取るようにすることが肝要である。

3．観点別学習状況評価と評価規準設定の手順

　指導要録では，観点別学習状況の評価を進めるに当たって，実現の状況を三段階（A，B，C）で評価する（Normノーム）こととしている。

　この観点の評価を行うためには，各学校において，学年や単元ごとに具体的な評価規準を設定することが必要となる。その際，例えば「学年別の評価の観点の趣旨」を踏まえることが重要である。

　学習指導要領に示された各学年の目標及び内容は第2学年終了までに実現させるべき目標であり，具体的な各学年の目標及び内容は，各学校において作成される具体的な指導計画に明記する必要がある。

　評価規準（Criterion クライテリオン）の設定については，生活科の特質を踏まえて学校ごとに行うことが大事である。例えば，自校の生活科の指導計画に基づいて，単元ごと，あるいは小単元ごとに評価の観点別に評価規準を設定し，子どもの学習の実現状況を評価することになる。評価規準の設定には，例えば，次のような手順が考えられる。

①学習指導要領「生活」の各学年の目標及び内容を受けて，単元及び小単元の目標を立てる。

②単元及び小単元の目標に基づいて，その指導内容及び子どもの具体的な活動や体験などを設定する。

③これらのことを踏まえて，「学年別の評価の観点の趣旨」を参考にして，観点ごとに単元や小単元の評価規準を作成する。

　例えば，第1学年で「秋と遊ぼう」の単元を設定し，これを「秋を見つけよう」と「落ち葉や木の実で遊ぼう」の二つの小単元で構成した場合には，この単元にかかわる学習指導要領の学年の目標及び内容には，目標「(2)自分と自然」と「(4)活動や体験と表現」，内容「(5)季節の変化と生活」及び「(6)自然や物を使った遊び」が関連している。

　「落ち葉や木の実など身近にある自然物などを使って遊ぶものを作ったり，遊び方を工夫したりして，みんなで楽しく遊ぶことができるようにする」，また「具体的な活動や体験」を次のように設定することもできる。「木の葉や木の実で，遊ぶものを作って遊ぶ」,「遊びコーナーを作ってみんなで遊ぶ」,「作ったり遊んだりして楽しむ」などである。

　担任・教師は，「学年別の評価の観点の趣旨」を参考にしながら設定した目標及び内容に基づいて，小単元の評価規準を作成することになる。

　なお，ここで重視したいことは，観点別の評価項目の作成とともに評価の時期（事前，事中，事後）や評価方法を位置付けることである。

4. 生活科における評価の方法

　生活科の評価に関しては，主として次のような方法が考えられる。

①観察法（行動観察，発言分析等）

　観察法には，自然観察法（状況に対して何ら操作を加えず，自然に生起する行動をありのままに把握しようとする）や組織的観察法（あらかじめ目標を定め，見る状況や場面を選び取り対象を明らかにする），参与観察法（観察者が現象の中に入り込んで調査などを行う）などがある。生活科の評価においては，学習指導場面における子どものつぶやきやささやき，表情，挙手，発言などを多面的に観察・分析し，評価するものである。

　子どもの関心・意欲・態度や思考などを評価するには，こうしたつぶやきやささやきなどを観察・分析する観察法が効果的である。

②作品法（思考と表現の一体化）

　この方法は，子どもが作品としてまとめた絵や文，学習カードやノート，絵地図や絵年表，レポートなどを分析し，評価するものである。

　そのため，例えば，吹き出しなどを多く取り入れ，感じたことや思ったことなどを自由に書かせるようにする。そして，そこに記述された内容から子どもの知的な気付きやものの考え方の深まりなどを評価するのである。

　なお，作品法による評価に当たっては，作品の出来ばえや表現の確かさのみを求めることを避け，低学年の子どもの「思考と表現の一体化」という特質に留意して作品法を活用することが肝要である。

③問答法（対話・質問法）

　この方法は，教師と子どもとの相互的な質問・応答の過程を通して，学習を深化させようとする学習方法の一つである。対話（質問・応答）により青少年を真の知の自覚に導こうとしたソクラテスの対話法に由来するものであるが，生活科においては教師が中心となり，例えば，自分と事物とのかかわりについて説明できるか，事物の名称を挙げることができるかなどについて発問（対話）し，子どもの反応を通してその子なりの気付きや考えの深まりなどを評価するのである。

④ポートフォリオ評価（新たな学びへの足跡）

　この方法は，子ども一人一人の作品などを長期にわたって計画的に蓄積し，その子の評価（成長の証）に役立てようとするものである。

　ポートフォリオは，子ども自身が自発的に自分の学びの変容や伸びを多面的，長期的に振り返り，新たな学びに生かすために学習したものを蓄積したものであり，「新たな学びへの足跡」のところに意義・価値がある。担任・教師は，

生活科でよりよい評価を行うため，子どもが学んだ事柄を年月日順にファイルした「子ども用ポートフォリオ」とともに，子どもの学習にかかわる情報や資料などを計画的に蓄積していく「教師用ポートフォリオ」が欠かせない。つまり，指導と評価の一体化なのである。

課　題

1. 「評価」とは何か，また生活科の評価とは何か。基本的な考えとともにあなたの考えを記そう。
2. 生活科の評価の三つの観点の特質・内容について整理し，相互関連についてまとめよう。
3. 「活動や体験についての思考・表現」は，どのように評価するか，事例を挙げて整理しよう。
4. 「身近な環境や自分についての気付き」は，どのように評価するか，事例を挙げるとともにあなたの考えを記そう。
5. 生活科の評価方法について，その特徴と内容をまとめよう。

Ⅱ　生活科教育の実践

——授業づくり，科学的見方・公共心・
　社会認識の基礎，指導計画と校内環境——

第 **6** 章

授業づくり—自然と自分とのかかわり

　この章では，自然と自分がかかわる授業づくりについて述べる。はじめに，「季節による自然の変化」にかかわる授業づくりを取り上げ，河原における活動の例を挙げる。次に，「身近なものを使ったおもちゃ」の授業づくりを取り上げ，動くおもちゃ作りの活動例を挙げる。最後に，「動植物の飼育栽培」の授業づくりを取り上げ，ザリガニ飼育の活動例を挙げる。3例を通して，自然とのかかわりの中で子どもたちの生命観や科学的な初期の思考力や表現力を育成する方法を示したい。

キーワード　五感　飼育　栽培　ザリガニ

第1節　生活科の授業づくりの前提

　生活科の授業づくりを進めるために大切なことは，まず現在の1・2年生の実態を理解することである。どんな地域のどんな環境で育ったか，衣服の着脱などの生活習慣は身に付いているか，遊びやテレビ，ゲームなどの好み，話す語彙の数や内容，家庭の親子関係や友達との人間関係，動植物との触れ合いの程度などを総合した心身の育ち具合を把握しておく必要がある。

　次に，現在の1・2年生を生活科の授業によって，どのような方向にどこまで育てるか目標を設定する。学習指導要領の生活科の目標を参考にしながら，地域性や自然環境，気候等に配慮しながら，目前の1・2年生の実態に合わせて育てる目標を立てる。

　目標を実現するために，学習指導要領では9つの内容を設定しているが，内容は概要を示しており，具体的には各学校は学校が設置されている場所の地

域性や気候，自然環境，人の環境などを考慮して2年間の指導計画を作成する。生活科の学習の対象や環境，教材教具は，児童が生活している町や自然環境そのものなので，街の様子や住民の暮らし，自然の様子をしっかり調べて年間計画を立てることが大切である。年間計画を立てる際，幼稚園や保育所の保育内容との接続に配慮し，その内容や考え方をよく理解して実施する必要がある。また，生活科は国語や図工，音楽など他教科との関係が深い教科なので，このことも考慮して進める。地域が学習の場になることから，図書館や老人ホーム，田や畑の耕作者等に協力を仰ぐことが多く，学校の管理者や担任は地域との連携について年間を通してお願いするようにする。

第2節　「自分と自然」の授業づくり

　生活科の学年の目標 (2) には，「身近な人々，社会及び自然と触れ合ったり関わったりすることを通して，それらを工夫したり楽しんだりすることができ，活動のよさや大切さに気付き，自分たちの遊びや生活をよりよくするようにする」とある。

　「身近な自然」とは，児童が生活している故郷の身近な自然を指しており，家庭や近所，校庭や空き地，野原や川べり，山地や海岸沿い等の自然をいっている。生息している動植物をはじめ，砂や石，水の流れや打ち寄せる波，空や雲，太陽や星，雪や氷などを指している。

　目標 (1) にある「それらのよさやすばらしさ」とは，新緑や紅葉の美しさ，トンボやクワガタの体の精密さ，大木や大石の巨大さ，川の流れや海水の透明

さなどに気付くことである。自然の中で動植物を探したり採取したり，加工して遊んだり，木登りや基地作りなどをすることから，自然の面白さや素晴らしさを感じ取ることである。

　「活動のよさや大切さに気付き」とは，動植物を飼育したり栽培したり，自然の中で遊ぶ体験から，世話を怠ると死んでしまったり枯れてしまったり，乱

暴に扱うと壊れたり汚れたりしてしまう体験から，生き物の命や自然のはかなさや弱さを認識し，自然を大切にする心情を養うことである。

「自分たちの遊びや生活をよりよくするようにする」とは，身近な自然の中で遊んだり動植物を飼育栽培したりする活動の中で，自分の思いや願いをもって遊び，友達と協力する活動が生み出され，創造的な発想や工夫した自然の加工の方法などを学習することである。

1.「自然と行事」の授業づくり

生活科の「(5) 自然と行事」の内容は，学習指導要領では，次のように記述されている。

> 　身近な自然を観察したり，季節や地域の行事に関わったりするなどの活動を通して，それらの違いや特徴を見付けることができ，自然の様子や四季の変化，季節によって生活の様子が変わることに気付くとともに，それらを取り入れ自分の生活を楽しくしようとする。

学習の対象は二つあり，一つは児童の身近な家の周りや近くの空き地，野原，河原，海岸等の四季に変化する自然であり，もう一つは児童の生活の中の正月や七夕，お盆，お祭り等の四季の行事である。

四季の自然の変化は，動植物の春の芽生えや産卵，夏の旺盛な成長と子育て，秋の紅葉や果実の実りと越冬の準備と死，冬の休息期を指している。また，大陸と太平洋の高・低気圧や偏西風は，穏やかな春・秋の気候や夏の猛暑，冬の厳寒の気候をもたらすことも学習対象にしたい。

児童が四季の変化を五感でとらえ認識するのは，同じような場所に春夏秋冬に出かけ，虫探しや草花遊び，水遊び，砂や石遊び，土手遊び，雪遊びなどを繰り返し行うことにより実感できる。遊びを楽しみながら四季の変化に気付き，その過程で視覚や聴覚，嗅覚，手触り，体感などの五感を鋭くすることができ，四季の自然の変化や動植物の形質，水や砂や石などの性質を認識することができる。四季の自然の面白さや美しさ，不思議さなどは，児童の心情に影響を与え豊かな心情や好奇心を育成できる。これらの学習を通して，科学的な見方の基礎を培う。

児童が正月や七夕，お盆，お祭り等の四季の行事に積極的に参加することにより，伝統的な行事を理解し，そのことにこめられた家族や地域の人々の願いに気付く。活動の中で行事を楽しみ，工夫したり大切にしたりする態度を養う

とともに積極的に参加する意欲も育てる。学習の対象・活動等や育てる思考・認識等及び能力・態度等を整理すると以下のようになる。

○学習の対象・活動等——身近な自然を観察したり，季節や地域の行事にかかわる活動を行ったりする。

○思考・認識等——四季の変化や季節によって生活の様子が変わることに気付く。

○能力・態度等——自分たちの生活を工夫したり楽しくしたりできる。

第1学年の「自然の変化に親しむ」の授業づくりの例

「自然と行事」の内容のうち，ここでは「自然の変化に親しむ」授業づくりの例を挙げたい。日本においては，気温や風向，海抜高度，積雪量などによって動植物の様子が大きく変化するが，子どもたちの身近な自然は四季折々でゆるやかに変化する。ゆるやかに変化する自然の中に入り込んで活動することにより，故郷の自然の変化を体験的に認識し，新緑や紅葉の美しさ，トンボやバッタ，セミ捕りの楽しさ，水遊びや砂・石遊びの楽しさや温かさを味わい，人間性の獲得や，初歩的な科学的な見方を育てることができると考える。ここでは，1年間に春，夏，秋と近くの同じ河原をフィールドにして学習する授業づくりを提案したい。ただ，紙面の関係でここでは秋の指導計画のみを掲載する。

第1学年　生活科学習指導案

1. 単元名「秋の河原遊びたんけん」
2. 単元の目標
(1) 多摩川の生物や植物・石を探したり遊んだりする活動を通して，身近な自然に関心をもち，楽しんで活動することができる。
(2) 生き物や植物，石などの自然を探す，観察する，遊ぶ，育てる活動を通して，特徴に気付いたり，他の物と比較し，違いや共通点に気付いたりすることができる。
(3) 植物や石の特徴を生かし，工夫して遊ぶことができる。
(4) 生き物と触れ合うことで，生き物に親しみをもち，その命を大切にすることができる。

3. 単元の評価規準

生活への関心・意欲・態度	活動や体験についての思考・表現	身近な環境についての気付き
・生き物や植物・石等を，意欲的に探し，観察する。 ・自然を利用して，遊びを楽しむ。 ・生き物に親しみをもち，大切にしようとしている。 ・友達に進んで伝えようとしている。	・生き物のいる場所や捕まえ方などに気付きながら，意欲的に見つけようとしている。 ・植物や石の特徴を生かして工夫することができる。 ・友達に分かりやすく伝えることができる。	・生き物や植物，石の特徴や他の種類と比較して，違いや共通点などに気付くことができる。 ・生き物に命があることに気付き，大切にすることができる。

注）評価規準の文言は，旧学習指導要領に依拠する。

4. 児童の実態と本時までの指導の経過

　豊かな自然が身近にあるものの，児童の体験や興味・関心には個人差が大きい。そこで，今回は第1次の「たま川であそぼう」で，生き物を探そう，草花で遊ぼう，石で遊ぼうと活動を分け，児童がそれぞれの遊びをしっかり行うことにより，さまざまな自然の中の遊びに興味をもつことができるようにした。

　夏の活動時に広がりにくかった草花遊びについては，家の人に聞いた遊びや自分の知っている遊び，担任の知っている遊びを紹介してから，活動を始めた。

　「石で遊ぼう」の前には，石でどんなことをしたいのかを問いかけ，児童から出た意見を「その場でする遊び」「学校でする遊び」「両方でできる遊び」に分類した。そのため，遊び・石探しともに没頭して遊ぶ児童が多く見られた。

まるい形・・へんな形
つるつると　ざらざら・・
いろんな石が
あるね。

　活動の目的と内容を明確にしたことにより，児童は生き物・植物・石等，どの自然物へも関心をもってかかわるようになった。

5. 単元指導計画（全10時間）

次	時	児童の主な活動	○ 教師の主な支援　◇ 評価
一次	生き物を探そう　三時間	1．生き物を探しに行こう。 ・草の中，石の下，水辺の石の下など多摩川のいろいろな場所で生き物探しをする。 2．生き物を観察しよう。 ・見付けた生き物を観察して，カードに気付いたことをまとめ，発表する。 ・飼いたい生き物について，飼い方を調べ育てる。	○ どんなところに，どんな生き物がいるか考えて探すよう事前に伝える。 ◇ 生き物のいる場所や捕まえ方などに気付きながら，意欲的に見付けようとしている。 ○ カードへのまとめ方は，生き物の形や色，動き方，住む場所などについて区別する。 ◇ 生き物を観察して，特徴に気付くことができる。また，他の生き物との違いや共通点に気付くことができる。
二次	草花で遊ぼう　三時間	1．草花で遊ぼう ・はっぱのじゃんけんをする。 ・先生や友達の知っている遊びを聞いてやってみよう。 ・草笛，ねこじゃらしのうさぎ，ひっぱりっこなど。 ・遊んだ草花を一つずつ持って帰ろう。 2．遊んだ草花を観察しよう。 ・遊んだ植物を観察して，カードに気づいたことをまとめ，発表する。（はっぱに名前をつける。） ・はっぱの仲間分けをする。 ・友達に発表しよう。	○ いろいろなはっぱを見付けて，はっぱのじゃんけんをすることにより，植物の特徴に気付かせる。 ○ 事前に児童が聞いてきたり，考えたりした遊びを現地で紹介する。 ○ うまく遊びを見付けられない子には，友達の遊びを見せたり，一緒に遊んだりする。 ◇ 植物の特徴に気付き，それを生かして遊びを工夫している。 ○ 葉っぱをはり付けることができるよう，テープを用意しておく。 ◇ 植物の特徴に気付き，名前を付けたり，仲間分けをしたり，発見したことや遊んだことを絵や文で表現したりすることができる。
		1．石で遊ぼう。宝物の石を見付けよう。 ・積み重ね競争・交替積み重ねゲーム・石投げ・水切り等。 ・猫の形みたいな石・赤い色の石・つるつるの石・ざらざらの石・模様のある石・書ける石・割れる石など。 2．石の自慢カードを書こう。 ・探してきた宝の石をよく観察して，石に名前をつける，	○ 事前に石でどんなことをしたいのか問いかけ，児童から出た意見を分類する。 ○ 現地で遊ぶ時間，石を探す時間を区切って活動させる。 ○ 遊びに使うにはどんな石がよいかを考えさせる。 ◇ 石の特徴に気付き，遊んだり石を探したりしている。 ○ 児童の自慢したい内容を大切にする。 ◇ 石の自慢をカードに表すことができる。 ○ 石の自慢したい理由を観点別に分類して，板書する。

| 三次 | 石で遊ぼう　四時間　本時 | 発見したことを絵や文で書く。

3．宝の石を自慢しよう。石で遊ぼう。
①カードを見て，自分の宝の石を自慢する。
②自慢の石を観点別に箱に入れる。
③石の特徴を生かして遊ぼう。
・形を生かして，動物等を作る。（ペインティング）
・模様を生かして，絵を描く。
・石を転がして遊ぶ。
④たま川あそびたんけんたいで分かったことや感想をまとめ，観察したカードとともに，本にまとめる。 | ○ 分類の観点を箱に付け，児童の自慢の石を箱に入れる。数人発表する。
◇ 石の種類による特徴の違い・共通点などに気付くことができる。
○ 自分の遊びや友達の作品を参考にしながらまとめる。
○ 冬や春にもたま川の遊びを続けていくことを伝える。
◇ たま川あそびたんけんたいの学習を通して，自分の成長を振り返ることができる。 |

6．本時の指導

（1）本時のねらい

・たま川で見付けた石の面白さや不思議さに気付くことができる。

・それぞれが見付けた石で遊びを楽しむことができる。

（2）本時の展開

主な学習活動	○ 教師の支援　　◇ 評価
・自分の「宝の石」の自慢をしよう。	○ カードや石がみんなに見えるように映るプロジェクターを用意する。
1．前時に書いた石の自慢カードを見て，自分の宝物の石の自慢をする。 ・形　　・色 ・大きさ　・模様 ・堅さ，柔らかさ ・きれいな赤が自慢です。 ・キラキラしているところがいいと思います。 2．自慢の石を観点別に箱に入	○ 石の自慢したい理由を，観点別に分類して板書する。 ○ 最初は一緒に分類を考え，徐々に児童に考えさせていく。（5〜6人） ○ 発表から黒板に石のいろいろな特徴について仲間分けを考えさせる。 　準備するもの ・プロジェクター ・スクリーン ・石を分類する箱

れる。	・石にはる名札（自慢カードに付けておく）
・赤いところが自慢です。	
・形が○○に似ています。	○ 分類の観点を箱に付け，児童の自慢の石を箱に入れさせ
・小さくてかわいいです。	ていく。数人発表させる。
・きらきら見えます。	
3．分類した石をみんなで見る。	○ 分類した箱を見せ，石にはいろいろな色や形，模様や手
	触りなどがあることに気付かせる。
4．宝物の石で遊ぶ。	
・色を生かして，並べて模様を	◇ 石の種類による特徴の違い・共通点などに気付くことが
作る。	できる。
・形を生かして，動物等を作る。	○ 石の特徴を生かした遊びを勧める。
・模様を生かして，絵を描く。	○ 遊びが発展するように遊ぼう。
（ペインティング）	○ 遊び方を考えさせ，例を出させて紹介し，遊びを広げたり，
・柔らかい石で堅い石に絵や字	深めたりしていく。
をかく。	
・石を転がして遊ぶ。	◇ 石の特徴を生かした遊びを考え実施している。
5．次時の活動を聞く	○ 次時に遊びの続きをすることを伝える。

2. 「自然と遊び」の授業づくり

　生活科の「(6)自然と遊び」の内容は，学習指導要領では，次のように記述されている。

> 　身近な自然を利用したり，身近にある物を使ったりなどして遊ぶ活動を通して，遊びや遊びに使う物を工夫してつくることができ，その面白さや自然の不思議さに気付くとともに，みんなと楽しみながら遊びを創り出そうとする。

　学習に使用する物は，子どもたちの身近な家の周りや近くの空き地，野原，河原等にある自然の草花や枝，木の実，葉，砂，石，水，氷，風である。また，身近にあるものとは，子どもたちの生活の中にあるひもや紙，空き缶，ペットボトル，空き箱，割りばし，紙コップなどである。

　遊びに使う物作りには，草花や枝，木の実，葉などを使った動物やお人形，車や花輪，花かご，虫かごなどが考えられる。大きな自然物を使った遊びには，土手すべりや小川での魚とり，秘密基地作りなどが想定できる。身近にある物

を使った物づくりでは，ロケットや飛行機，船，お人形，ぬいぐるみ，動物，お花などが考えられる。

これらの制作を通して，子どもたちは豊かな自然に接することから，自然に対する認識を体験的に深め，草木の葉っぱには大きなものや小さなもの，手触りがすべすべしたものやがさがさしたもの，カエデのように切れ込みの大きい葉や全く切れ込みのない葉があることに気付く。おもちゃ作りをすることからイメージを形成したり，作るものを想像したりする能力を育てることができる。うまく動かしたりよく飛ぶようにするために，工夫して作ったり作り直したりすることから，作る技能や考える能力を高めることができる。自然の材料を利用する中から，転がる木の実やよくしなる枝の面白さを見付け，大きなホオノキの葉やハスの花の美しさ等を発見する。また，おもちゃ等を作って遊ぶ中で，作ることや遊ぶことの楽しさや，友達と遊ぶ喜びを味わうことができる。これらの活動を通して，遊びを楽しみながら科学的な見方の基礎を育てる。

上の学習の対象・活動等や育てる思考・認識等及び能力・態度等を整理すると以下のようになる。

○学習の対象・活動等――身近な自然を利用したり，身近にある物を使ったりなどして，遊びや遊びに使う物を工夫して作る。

○思考・認識等――その面白さや自然の不思議さに気付き，科学的な見方の基礎を育てる。

○能力・態度等――みんなで遊びを楽しむことができる。

第2学年の「おもちゃづくり」の授業づくりの例

「自然と遊び」の内容のうち，ここでは，「身近にある物」を使って遊びに使う物を作って遊ぶ授業づくりを紹介したい。

第2学年　生活科学習指導案

1. 単元名　「わくわくおもちゃランドをつくろう」
2. 単元の目標
   (1) 身近にある物で，仕組みを考えて工夫して動くおもちゃを作る。
   (2) 動くおもちゃの不思議さに，興味・関心をもつことができる。
   (3) 作ったおもちゃで，友達と楽しく遊ぶことができる。

3. 評価規準

生活への関心・意欲・態度	活動や体験についての思考・表現	身近な環境や自分についての気付き
・動くおもちゃ作りを通して，友達と楽しくかかわろうとする。 ・動くおもちゃを進んで作ろうとする。 ・作った動くおもちゃで，楽しく遊ぼうとする。	・おもちゃを動かすものに目を向け，工夫しながら作る。 ・自分がしたこと，気付いたことをカードにまとめて伝え合うことができる。 ・おもちゃの動きの特徴を楽しみながら遊ぶことができる。	・作る楽しさを味わい，友達のよいところや自分なりに工夫したことに気付いている。 ・身近にある物を使っておもちゃを作る楽しさに気付いている。 ・おもちゃを動かすものについて目を向けている。

4. 児童の実態と指導の経過

　入学したころの子どもたちは，少人数で遊び，自分から遊びを作り出すということもなく，遊びもあまり広がらなかった。

　昨年度，生活科の学習で木の実を使った遊びを行い，その後自分たちで工夫し発展させて，ジェットコースターやイヤホン付きの携帯電話を作ることができた。自然と触れ合う機会を多く設けることにより，少しずつ興味・関心をもって主体的に学習することができてきた。

　本単元では，木の実を使ったおもちゃ作りで，車やこまのような動くおもちゃに興味を示した児童の多かったことを受け，身近にある物を使って動くおもちゃを作る活動を設定した。身近にある物から動くおもちゃを作り，お互いのおもちゃの動きを比べる中で，仕組みに目を向け「動く秘密」を考えさせることにより，主体的に学習する姿勢や科学的な見方の基礎を育てることができるのではないかと考えた。

5. 単元指導計画（全10時間）

時	主な学習活動	○ 指導の工夫・手立て	評価
1	1. 動くおもちゃを見て，作る意欲をもつ。 2. 作りたいおもちゃのグループに分かれる。	○ 事象提示の工夫 ・先生の作った動くおもちゃを紹介する。 ○ 学習形態の工夫 ・作りたいおもちゃのグループをつくる。	・おもちゃを作る意欲をもつ。 【関心・意欲・態度】
2 3 4 本時	1. 作りたいおもちゃのグループに分かれて，身近にある物を使って工夫して，面白く動くおもちゃを作る。 ・帆の船グループ ・パラシュートグループ（風で動かそう） ・車グループ（転がして動かそう） ・ロケットグループ ・カメグループ ・プロペラグループ（ゴムで動かそう） 2. 作りたいおもちゃ別にグループに分かれ，動くおもちゃを完成させる。 3. 気付いたことや考えたことを振り返りカードに書いて伝え合う。	○ 学習環境の工夫 ・作り方の本を廊下に用意し，いつでも読めるようにしておく。 ・十分な材料を用意し，存分に作れるようにする。 ・接着剤や紙コップ，紙皿，竹 ○ 学習支援の工夫 ・材料は以前から集めさせておく。 ・体育館で学習する。 ○ 学び合いの工夫 ・グループ全員で教え合い協力して作る。 ○ 気付きの質を高める ・気付いたことや考えたことをカードに書いて伝え合う。 ・おもちゃが動く仕組みに気付くようにする。	・おもちゃが動く仕組みに目を向けて，面白く動くおもちゃを作る。 【思考・表現】 ・面白く動くおもちゃを完成させる。 【思考・表現】
5 6	4. 作りたいおもちゃのグループに分かれ，工夫して，2つ目の面白く動くおもちゃを作る。	○ 学習環境の工夫 ・十分な材料を用意する。 ・接着剤や紙コップ，紙皿，竹ひご等，いつでも使えるようにしておく。	・2つ目の面白く動くおもちゃを作る。 【思考・表現】
7	1. 作りたいおもちゃのグループに分かれ，動くおもちゃを完成させる。 2. 気付いたことや考えたことを振り返りカードに書い	○ 学び合いの工夫 ・グループ全員で教え合い協力して，皆のおもちゃを完成させる。 ・これまでにできた色々なおもちゃと比べるようにさせる。 ○ 気付きの質を高める	・色々な動く仕組みや面白さに目を向

	て伝え合う。	・気付いたことや考えたことをカードに書いて伝え合う。おもちゃが動く仕組みに目を向けるようにする。	けることができる。【気付き】
8 9	1．「おもちゃランド」の準備をする。 2．「おもちゃランド」で遊ぶ。 ・グループごとにブースを作り，工夫して作ったおもちゃを紹介し，一緒に遊ぶ。 3．自分なりの方法で工夫したところや面白いところを伝える。	○学習形態の工夫 ・前半，後半に分かれてグループごとに教え，遊び合う。 ・紹介の仕方を工夫させる。 ○学習環境の工夫 ・体育館で学習する。 	・工夫したところや面白いところを友達に伝えることができる。【思考・表現】 ・他のグループのおもちゃで意欲的に遊ぼうとする。【関心・意欲・態度】
10	1．いちばん気に入ったおもちゃを作ったグループに手紙を書く。（国語扱い）	○学習支援の工夫 ・心に残ったおもちゃを作ったグループに，手紙を書くよう声をかける。	・遊ぶ楽しさや，面白さに目を向ける。【気付き】

6．本時の学習（本時　4／10）

（1）目標

○友達と話し合い，工夫しながら動くおもちゃを作ることができる。

○おもちゃを動かす仕組みや面白さに目を向けることができる。

（2）指導の工夫

◇相談しながら作らせ，お互いのおもちゃの動きを比べ，よりよい動きになるように工夫させる。

◇振り返りカードに書いて発表し合い，おもちゃを動かす仕組みや面白さに目を向けるようにさせる。

（3）本時の展開

学習活動（→児童の反応）	具体的な手立て　※評価	留意点
1．本時のめあてを確認する。 ・「わくわくおもちゃランド」を作ろう。 2．グループに分かれ，工夫しながらおもちゃで遊ぶ。 （風のおもちゃ） ・帆の船グループ ・パラシュートグループ ・ホバークラフトグループ ・ロープウェーグループ （転がすおもちゃ） ・転がりグループ （ゴムのおもちゃ） ・ロケットグループ ・カメグループ ・たこグループ ・プロペラ船グループ （水のおもちゃ） ・ストロー船グループ 3．本時で行ったことを発表する。 4．どうして動くのか，考えたことを振り返りカードに書く。 　→帆の船は風であおぐから動いていると思う。 　→ロープウェーは風船の中から出る風で動いているようだ。 　→かめはゴムで動いていると思う。 　→ストロー船は水で動いているのかな。	○前時に書いたカードを発表させ，本時のめあてをもたせる。 ○「もっと速く」「もっと高く」「もっと遠くに」等動きの工夫の仕方を考えさせる。 ○見せ合い，相談しながら，お互いの動きを比べ，よりよい動きになるようにさせる。 ○グループで協力して比べながら，動くおもちゃを作らせる。 ○どんな動きにしたいのかを聞き，アドバイスをする。 ※友達とよい動きについて話し合い，意欲的に動くおもちゃを作ることができる。【関心・意欲・態度】 ○工夫して作ったおもちゃを見せながら発表させる。 ○動く秘密が相手に伝わるように絵や文で表現させる。 ○自分のおもちゃを動かすため付けたもの，したことを思い出させる。 ※おもちゃを動かす物に目を向け，動く仕組みや面白さを自分なりの表現方法で表現している。【思考・表現】	・初めからグループごとに座ってめあてを確認する。 ・動きを工夫する時間となるようにする。 ・おもちゃで遊ぶ場所とおもちゃ作りをする場所を分ける。 ・目指す動きによっては子どもには難しい作業が入るので支援する。 ・机間指導をし，児童の考えをつかむ。 ・おもちゃ作りのとき，動かすために何をしたかを思い出させる。

3.「飼育と栽培」の授業づくり

生活科の「(7)飼育と栽培」の内容は，学習指導要領では，次のように記述されている。

> 動物を飼ったり植物を育てたりする活動を通して，それらの育つ場所，変化や成長の様子に関心をもって働きかけることができ，それらは生命をもっていることや成長していることに気付くとともに，生き物への親しみをもち，大切にしようとする。

栽培の対象にする植物は，子どもたちでも扱えるアサガオやヒマワリ，ホウセンカ，オシロイバナ等の美しい花が咲く植物や，ナスやキュウリ，トマトなどの野菜類が適切であると考えられるが，各地方にはさらに適切な栽培植物があるものと思われる。栽培方法がやさしく，種まきや水やり，施肥，支柱立て等の世話が，手伝いを受けながらも子どもたちの力でできるものを選びたい。また，飼育の対象にする動物は，哺乳動物のウサギやニワトリ，ハムスター，モルモット等やザリガニ，キンギョ，メダカ，昆虫等が考えられるが，これも各地方でさらに適切な動物があるものと思われる。大人に手伝ってもらいながらも，子どもの力で世話ができる動物を選びたい。

上の学習の対象・活動等や育てる思考・認識等及び能力・態度等を整理すると以下のようになる。

○学習の対象・活動等——動物を飼ったり，植物を育てたりする。

○思考・認識等——それらの育つ場所，変化や成長の様子に関心をもち，また，それらは生命をもっていることや成長していることに気付く。

○能力・態度等——生き物への親しみをもち，大切にすることができる。

第2学年の「飼育・栽培」の授業づくりの例

「飼育・栽培」の内容のうち，ここでは「動物の飼育」に関する授業づくりを紹介したい。

第2学年　生活科学習指導案

1. 単元名　「げんきにそだってね」
2. 単元の目標
   (1) 生き物の世話をして，生き物の育つ様子に関心をもち，生き物に親し
       みをもつことができるようにする。
   (2) 生き物を育て世話を続ける活動を通して，生き物たちも自分たちと同
       じように成長し，生きていることに気付くとともに，命を大切にするこ
       とができるようにする。
   (3) 生き物のことを1年生や友達に進んで伝えることができる。

3. 評価規準

生活への関心・意欲・態度	活動や体験についての思考・表現	身近な環境や自分についての気付き
・生き物の世話を進んで することができる。 ・分かったことを1年生 に伝えるために進んで 準備をしたりすること ができる。 ・1年生に親しみや愛情 をもつことができる。	・世話の仕方を考えたり，すみ かを工夫したりすることがで きる。 ・1年生に生き物のことを工夫 して分かりやすく伝えること ができる。	・生き物を育て，世話を続ける活 動を通して，生命をもっている ことや成長していることに気付 くことができる。 ・ザリガニの世話をすることを通 して，自分自身に自信をもつこ とができる。

注）評価規準の文言は，旧学習指導要領に依拠する。

4. 児童の実態
(1) 生活科について

　アンケートの結果から，生活科の学習が大切であり好きだという児童は増加
の傾向にあり，95％を超えている。また，動物の世話が好きと答えた児童は
90％近くいて，キンギョやカブトムシ等飼育の経験もある。本単元で取り上げ
るザリガニについては，実物を見たことがある児童は72％，ザリガニを捕獲
したことがある児童は35％，飼った経験がある児童は27％だった。ザリガニ
についての知識は，豊富な児童とほとんど知らない児童との差が大きかった。
(2) 指導の手立て
①児童の思いや願いを大切にした学習活動の工夫

ビオトープにいるオタマジャクシや
メダカを見るにつけ，子どもは自分た
ちで飼ってみたいという思いがある。
また，家でザリガニを育てている友達
がいることや，嘱託員の先生が釣って
きたザリガニを見て，自分たちもザリ
ガニを釣ってみたい，ザリガニを育て
てみたいという思いが一層高まって
いった。そういう思いを大切にし，ザ
リガニの飼育につなげていこうと考えた。

②学習材の工夫・開発

　1年生のときに一人一人が生き物を飼育したという経験がなかったので，自
分の生き物として育てさせたいと考え，ザリガニを飼うことにした。ザリガニ
は丈夫で教室でも飼いやすく，大きさや動きの面で低学年でも扱いやすい生き
物である。脱皮を繰り返すので，成長の変化も捉えやすい。そこで，ザリガニ
釣りを全員の子どもに体験させ，持ち帰って世話をする活動を通して，生き物
との触れ合いができると考えた。自分たちが釣ってきた生き物には愛着も深く
なり，親身に世話をすることが期待できる。荒川河川敷の「北区・子どもの水
辺」は水深が50cm程度で，低学年でも活動できるよさがある。餌を自分たち
で考えて用意して釣り竿を作り，一人1匹飼うために，釣ったザリガニを入れ
る水槽（虫かご）や空きパック等の容器も準備させた。また，ザリガニについ
ての図書資料も用意し，子どもたちが調べたいときに活用できるようにした。

③教育資源の活用

　本単元ではザリガニの飼育が活動の中心になるので，ザリガニが生息し子ど
もでも安全に捕獲ができるところを探すことから始まった。そこで荒川知水資
料館と連携をし，環境学習コーディネーターに協力をお願いした。ザリガニ釣
りの場所や時期，飼育の仕方やザリガニの生態等について話を聞きに伺った。
また，子どもたちがザリガニを釣るときには釣り方や飼うときの注意等を話し
ていただくことにした。さらに，飼育していく中で自分の飼育の仕方を確かめ
たり，疑問に思ったことに答えてもらったりできるように○○さんに来校して
いただくことも併せてお願いした。週末には親子で再度ザリガニ釣りに出かけ
た子どもも多数いた。

5. 指導計画 (全20時間)

次時	児童の主な活動 (時間)	○ 教師の支援　◇ 評価
一次　生き物を見付けよう ③	「どんな生き物がいるかな」 1. 自然の中にはどんな植物や生き物がいるのか予想する。　　　　　(1) 2. 校庭でビンゴゲームをしながら植物や生き物に触れ合う。　　　(1) 3. 校庭にはどんな生き物がいたか話し合う。 ・ミミズを見付けたよ。 ・ありやちょうちょうがいたよ。 ・虫の卵みたいなのがあったよ。 4. 今までに飼ったことがある生き物や，今飼っている生き物を紹介し合う。(1)	○ 自分たちの身近にはどんな生き物がいるのか考えさせる。 ○ ビンゴカードを用意する。 ○ 目や鼻，耳，手を使って観察するように促す。 ○ ビンゴカードにないものを見付けたらカードに付け足していくよう助言する。 ◇ 身近な生き物に関心をもち，進んでかかわろうとしている。　(関心・意欲・態度)
二次　生き物と仲良くなろう ⑪	「ザリガニ釣りに行こう」 1. ザリガニ釣りに行く相談・準備をする。　　　　　　　　　　　(1) ・どんな道具がいるのかな。 ・えさは何かな。 ・どんなところにいるのかな。 ・どうやったら釣れるのかな。 2. ザリガニ釣りをする。　　　(4) ・荒川知水資料館の環境コーディネーターの方の話を聞く。 「ザリガニの世話をしよう」 3. ザリガニの世話をする。　　(5) ・名前を付ける。 ・性別を確認する。 ・すみか作りやえさなどを調べて準備する。 ・気付いたことをはっけんカードに書く。 ・体の様子を絵等で表現してみる。(内，	○ えさになりそうなものを調べて用意するよう促す。 ○ 釣り竿を自分で作る。 ○ 行き帰りの交通安全，池での安全について配慮する。 ◇ ザリガニに関心をもち，進んでかかわろうとしている。(関心・意欲・態度) ◇ 生き物の話を聞き，世話の仕方についてよい方法を考える。　　(思考) ○ 1匹ずつ飼うための入れ物を用意するように助言する。 ○ ザリガニが逃げ出さないような住み家を作れるように助言する。 ○ ザリガニを飼った経験のある友達から話を聞くように促す。 ○ 本や図鑑などの図書資料を用意しておく。 ○ 死んでしまったザリガニを通して，より

図工2時間)

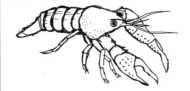

4. 荒川知水資料館の環境学習コーディネーターの方に疑問点を質問したり，自分たちの飼い方が正しいか確認したりする。
(1)

生き物の命について考えさせる。
○ はっけんカードの用意をする。
○ 情報交換をするために掲示板を作る。
○ 児童が見付けた発見を褒める。
○ 質問する内容はあらかじめまとめておくようにさせる。
◇ 進んでザリガニの世話をしている。
(関心・意欲・態度)
◇ ザリガニを飼ってみて分かったことや疑問に思ったことを表現する。
(思考・表現)
◇ よりよい世話の仕方に気付く。
(気付き)

三次　一年生をザリガニランドに招待しよう ⑥　本時

「ザリガニランドに1年生を招待しよう」

1．ザリガニランドの計画・準備をする。

2．発表の内容，グループを決める。
・ザリガニのオスとメスの見分け方について教えてあげたいな。
・ザリガニを触らせてあげたいな。
・ザリガニのえさについてクイズをつくりたいな。

3．発表の準備をする。　　　　　(4)
・互いの班の発表を見合い，よりよい発表ができるように練習する。

4．1年生を「ザリガニランド」に招待する。
(1)

「生き物を育てようの振り返りをする」

5．今までの活動の振り返りをする。

6．育てたザリガニをどうするか話し合う。
(1)
・学習が終わった後は，ザリガニを元の自然へ返そう。
・このまま家や学校で飼ってみよう。

○ 全員が活動できるように4～5人のグループをつくる。
○ どのように活動すればよいか分からないでいるグループには，発表方法を助言する。
○ 飼育を通して気付いたことを振り返るために発見カードを活用する。
○ 1年生に楽しんでもらえるように協力して活動できるようにする。
◇ 分かったことを進んで1年生に伝えようとする。　　　　(関心・意欲・態度)
◇ ザリガニの観察を通して，生き物の成長や変化に気付くことができる。　(気付き)
◇ 自分の伝えたいことを1年生に分かりやすく伝えている。
(思考・表現)

◇ ザリガニを飼うことを通して，生き物へより関心をもつ。　(関心・意欲・態度)

6．本時の活動（19／20時間）

（1）目標

・［2年生］　1年生に楽しく分かりやすく，ザリガニのことを伝えることができる。

・［1年生］　ザリガニへの親しみをもつことができる。

（2）展開

主な学習活動	○ 教師の支援　◇ 評価
「1年生をザリガニランドに招待しよう」 1．1年生に生きものコーナーを紹介する。 ・グループの代表が簡単に紹介する。 2．2年生は，担当のコーナーにつく。 ・1年生は各コーナーを回る。コーナーを回ったらパスポートにシールを貼る。 3．ザリガニランド 「ザリガニの脱皮劇」 「ザリガニの紙芝居」 「人形劇─生き物を大切に」 「雄と雌の見分け方」 「ザリガニの釣り方」 「ザリガニクイズ」 4．楽しかったことや分かったことを発表する。 ・1年生が感想を発表する。 ・2年生が感想を発表する。	○ 各コーナーがどこにあるのか1年生が分かるように表示しておく。 ○ ザリガニパスポートを渡し，1年生に多くのコーナーを回ってもらう。 ○ 1グループ4〜5人にする。 ○ 各コーナーでの説明は，1年生に分かりやすい内容にする。 ◇ 「2年生」1年生に進んで説明している。 ◇ 「1年生」ザリガニへの親しみをもとうとしている。 ○ 自分の伝えたいことが発表できるよう援助する。

― コラム ―
生活の源流

　日本の小学校において，生活科の源流に当たる合科教育や総合教育が行われたのは，明治末期から大正時代のことである。時代背景として，当時の日本では，ドイツのヘルバルト式教授法である教科書重視による教師中心の一斉学習が全国で行われていた。その教授法に対する批判として，新教育思想といわれたエレン・ケイやルソー，ペスタロッチ，モンテッソーリ，デューイ等の思想が導入された。新教育運動の考え方は，児童の自発性を大切にし，学習の主体は児童にあるとした。教科指導は分科でなく合科とし，教授ではなく学習を行うとした。

　この考え方に基づいて実践した，4名の教師の実践を紹介したい。

(1) 樋口勘次郎（1871 〜 1917年，東京高師附属小学校）

　樋口勘次郎は1・2学年に「観察科」，3・4学年に「郷土科」を設置して，統合教育を実践した。国語，算数，理科，修身，作文，習字などを統合して教育するものである。児童の身近な生活から教材を得て，総合的な学習を実践した。上野から谷中，日暮里までの総合学習は有名である。

(2) 及川平治（1875 〜 1939年，明石女子師範附属小学校）

　及川平治は，デューイの「為すことによって学ぶ」の影響を受け，欧米の児童中心主義を取り入れ，児童の生活経験を大切にした総合的な学習を実践した。

(3) 木下竹次（1872 〜 1946年，奈良女高師附属小学校）

　木下竹次は，小学校の3学年までの教科の区別を廃止して合科学習を実践した。生活即学習という考え方に基づき，児童に一定の環境を提供して自由に学習させ整理するという学習を展開した。

(3) 北沢種一（1880 〜 1931年，東京女高師附属小学校）

　北沢種一は，外遊から帰国後，米国のプロジェクト・メソッドを移入して，作業主義に基づいた自発的な作業教育こそ基本にするべきであると主張し実践した。また，学級が児童の社会生活の場であるので，学級でこそ健全な社会生活を実現し，その中で児童を健全に育てる教育を行うべきだと考え，実践した。

課　題

1. 生活科において，子どもたちが「自然とかかわる学習」を通して，どんな資質や能力，心情を育てるかまとめよう。
2. 生活科の「季節の変化と生活」の単元指導例を作成しよう。
3. 生活科の「自然や物を使った遊び」の単元指導例を作成しよう。
4. 生活科の「動植物の飼育・栽培」の単元指導例を作成しよう。

参考文献

安彦忠彦監修『小学校学習指導要領の解説と展開』教育出版，2008年

板倉聖宣他著『理科教育史資料』とうほう，1986年

木村吉彦著『生活科の新生を求めて』日本文教出版，2008年

東京都北区立滝野川小学校「平成19年度研究紀要」2007年

東京都日野市立日野第四小学校「全国小学校理科研究大会東京大会指導案集」2009年

東京都武蔵野市立第二小学校「平成21年度研究紀要」2009年

文部科学省「小学校学習指導要領（平成29年告示）」2017年

文部科学省「小学校学習指導要領（平成29年告示）解説　生活編」2017年

第 **7** 章

生活科における科学的見方の基礎

　この章では，「科学的見方」について定義し，生活科における「科学的見方の基礎」について検討する。「科学的見方の基礎」を育てるための「自然体験」の内容について考え，その重要性を指摘する。自然体験を通して「豊かな心情」や「生命観」，「知的好奇心」や「自然認識」，「科学的思考力」や「表現力」を育てることにより，「科学的見方の基礎」を育てることを説く。育てるための具体例として「アサガオの栽培で育てる」や「おもちゃフェスティバルで育てる」などを挙げ解説する。

キーワード　科学的な見方　生命観　自然認識　表現力

第1節　「科学的な見方の基礎」について

1.「科学的」とは

　広辞苑によると「科学的」とは，「物事を実証的・論理的・体系的に考えるさま。また，思考が事実にもとづき，合理的・原理的に体系づけられているさま」としている。「科学的」な手続きを満足する条件として一般的には，実証性，再現性，客観性があることと考えられている。実証性とは，主張する説が観察や実験によって証明できることである。再現性とは，主張する説について観察や実験を複数回行っても，同条件下の場合同じ結果が得られることである。客観性とは，前の二つの条件が満足できて，しかも誰もが認めるということである。

2.「科学的な見方」とは

　「科学的な見方」とは，ここでは，自然物や自然現象を解き明かす方法や手続き及び学習の結果獲得した知識や概念（自然認識）等を指している。自然界では，動植物の生命現象や物理・化学的現象，天文・地学的な現象が見られるが，これらの事物・現象の規則性や法則性を明らかにする方法や手続きは，科学的であることが求められる。方法や手続きが科学的でない場合，結果として明らかにされた事物・現象の規則性や法則性の正当性が疑われることになる。科学的な見方のもう一つの内容は，学習の結果獲得した知識や概念（自然認識）等を含んでいることである。例えば，「振り子の周期を決定するのは何か」という課題に対して「科学的な見方」ができるということは，一つは解決する科学的な方法・手続きを理解しているということであり，もう一つは「決定するのは振り子の長さである」という二つの概念を身に付けているということである。

　「科学的な見方」について，小学校理科ではどのように位置付けられているのだろうか。小学校理科の目標は，学習指導要領では「自然に親しみ，見通しをもって観察・実験などを行い，問題解決の能力と自然を愛する心情を育てると共に，自然の事物・現象についての実感を伴った理解を図り，科学的な見方や考え方を養う」としている。「問題解決の能力」と「自然を愛する心情」を育て，「自然の事物・現象についての理解」を図ることを求め，そのうえで最終目標として「科学的な見方や考え方」を養うこととしている。「科学的な見方・（考え方）」は小学校理科の最終目標として位置付けられていることが分かる。

3.「科学的な見方の基礎」とは

（1）生活の中の自然体験

　それでは，1・2年生に育てたい「科学的な見方の基礎」とは何を指しているのだろうか。「科学的な見方」とは，自然物や自然現象を解き明かす方法や手続き及び学習の結果獲得した知識や概念（自然認識）等である。このことを身に付けるためには，幼児期から8・9歳ごろまでに体験しておかなければならないことがある。それは，生活の中の「自然体験」である。これが「科学的な見方の基礎」の基礎であると考える。

　ノーベル物理学賞や化学賞を受けた日本の研究者たちは，幼・少年時代に自然の中で濃密な時間を過ごしたことを語っているが，「自然体験」を経ないで

自然を認識したり科学的な能力や態度，知識などを身に付けたりすることは不可能に近いと考える。生活の中の自然体験の内容についてはさまざまな説があるが，ここでは信州大学の塩原孝茂，土井進両氏の説を参考にして，「動植物の体験」「石・砂・泥の体験」「水の体験」「火の体験」「空・天体の体験」「半自然物の体験」の6点を挙げておきたい。

①動植物の体験——木の実や草を探す，食べる，作って遊ぶ，藪こきや木登り，虫を探す，飼って餌をやる，つかむ，遊ぶ等

②石・砂・泥の体験——砂や泥遊び，山や団子作り，投げる，掘る，石投げ，たたく，割る，美しい石探し，水切り，石積み等

③水の体験——水遊び，水をかける，浮かぶ・泳ぐ，物を洗う，海や川遊び，氷に触る・氷をとかす等

④火の体験——たき火で温まる，食べ物を焼く・煮る，火を付ける，燃やす，煙い思いをする等

⑤空・天体の体験——晴天・雨天を見る，雲を見る，風や雨・雪を顔や体に受ける，風・雨や雪で遊ぶ，太陽や月，星を見る，流れ星を見る

⑥半自然物の体験——紙やダンボールで作る，木やペットボトルで作る，箱や缶で遊ぶ，ゴムや紐で遊ぶ，電池や磁石で遊ぶ等

(2) 意図的な自然体験

「科学的な見方」を育てるためには，生活の中の「自然体験」は必須条件であるが，体験しただけでは十分とはいえない。生活の中の「自然体験」は，自然発生的であり，体系的ではない。「科学的な見方の基礎」を育てるためには，ある程度意図的で体系的な「自然体験」が用意されなければならない。意図的，計画的に体験を組織し，学習としての系統性をもった目標と内容を備えた自然体験を準備することによって，「科学的な見方の基礎」が育成できると考える。小学校学習指導要領生活では，自然にかかわる内容として次の3点が挙げられ

ている。

①身近な自然を観察したり，季節や地域の行事にかかわる活動を行ったりなど
して，四季の変化や季節によって生活の様子が変わることに気付き，自分たち
の生活を工夫したり楽しくしたりできるようにする。

②身近な自然を利用したり，身近にある物を使ったりなどして，遊びや遊びに
使う物を工夫して作り，その面白さや自然の不思議さに気付き，みんなで遊び
を楽しむことができるようにする。

③動物を飼ったり植物を育てたりして，それらの育つ場所，変化や成長の様子
に関心をもち，また，それらは生命をもっていることや成長していることに気
付き，生き物への親しみをもち，大切にすることができるようにする。

　3点の内容は，生活の中の「自然体験」を含んでいて，しかも，単に体験の
みで終わるのではなく，体験を意図的・計画的に組織して学習者が経験のレベ
ルまで深める学習ができるように求めている。3点の文言には，「気付き」と
いう理性の働きの文言の他に，「楽しむ」や「親しみ」「大切にする」といった
心の働きの文言が含まれている。1・2年生は，まだ理性や心情，意思等が未
分化の状況にあるので，理性と心情を一体的に育てることにより，「科学的な
見方の基礎」を育てるとともに，知・情・意のバランスがとれた人格形成を図
ることをねらいとしている。

　「科学的な見方の基礎」を育てるためには，心の面では「豊かな心情」と「生
命観」，「知的好奇心」を育てることが大切である。体験と理性の面では，「自
然認識の芽生え」及び「科学的思考力と表現力の芽生え」が重要であると考える。

第2節　豊かな心情と生命観

　「科学的な見方の基礎」のうち，心の面では「豊かな心情」と「生命観」を
育てることが大切である。自然を対象とする学習では，「豊かな心情」とは自
然に愛情をもつことができる心情である。また，「生命観」とは命あるものと
命をもたないものについて正しく認識するとともに，命あるものに思いやりの
心情をもつことである。この心情は，バランスのとれた人格を形成するととも
に，生物を含めた自然界について，適切に理解するとともにその探究の方法を
も身に付けるために必須の条件である。

1. 豊かな心情の育成

(1) 豊かな心情

　「豊かな心情」とは自然に愛情をもつ心情であるが，愛情のほかに美しいと感じる心情や感動に震える心，怖れやかわいそうといった心情も含まれる。具体的には，子犬やひよこを「かわいい」と思う心情であり，アサガオやチューリップの開花やカエデやナナカマドの紅葉を見て「美しい」と感じる心情である。また，夕焼けや満月を見て「感動」で立ちすくむ心であり，峻厳な冬山や打ち寄せる高波を見て「恐れや感動」を感じる心である。さらに，死んだ猫や小鳥の死骸を見て「かわいそう」と感じる心情であり，枯れそうなヒマワリやホウセンカを見て「水をあげよう」と思う心である。この心情は，人に対した場合は，「同情や共感」，「思いやりや愛情」といった心のもちかたになるであろう。

(2) 豊かな心情の育成

　「豊かな心情」を育てるためには，どのような学習活動が有効なのだろうか。有効な活動の例として，動植物の飼育・栽培，野原や林での動植物探しや草花遊び・木のぼり，採取した自然物での遊び，秘密基地作りや芝生すべり，雪や雨遊びなどが挙げられる。この中から「アサガオの栽培」，「ウサギの飼育」の例について述べることにする。

①アサガオの栽培で育てる

　生活科の内容(7)では，植物の栽培を行うが，1年生は，4月下旬か5月にアサガオの種まきをすることが多い。先生にプラスチックの植木鉢や腐葉土入りの土，種を用意してもらい，人差し指の第1関節分の深さに種をまく。家の人にペットボトルの水やり器を用意してもらい，水やりに励む。10日から15日後の早朝，子どもたちは植木鉢の中をのぞいて仰天する。緑色の小さな芽を見付けるのである。やがて仰天が歓喜にかわり，歓声をあげて職員室の先生に報告に走ることになる。同じことが，2か月半後の7月のある日の早朝にも起きる。登校した子どもたちは，ア

サガオの初めての開花を見付けて，再び仰天と歓喜を味わう。大切に2か月以上育てた後だけに喜びは大きい。花は次々に咲くので，何回か歓喜を味わうことになる。この喜びや感激は，子どもたちの柔らかい心に大きな影響を与えることになる。自分が育てた成果としての美しい花の開花や黒く小さな種からみずみずしい緑色の芽が出ることなどは，1年生の子どもたちの心を豊かに育てる。生命ある草花への愛情や美しい花に対する憧れが育つであろう。また，価値ある成果を得るために労を惜しまない子どもになるであろう。

②ウサギの飼育で育てる

　小動物を1～2年間飼育した経験のある子どもは，人への思いやりや責任感が強い傾向がみられるという研究がある。生活科においても「豊かな心情」を育成するために，ウサギやニワトリ，ザリガニ，ハムスター，昆虫などを飼育することが多い。ここでは，ウサギの飼育が子どもたちの成長に与える影響について考えてみたい。

　東京都文京区立明化小学校の研究によると，高学年の児童が飼育している学校の飼育小屋のウサギの世話を，2年生が交代で行いウサギについて学習した結果，生命ある動物を大切にするようになったという報告がある。学習内容は，ウサギに餌を与えたり，うんちの掃除をしたりする。抱いたり動きを観察したりする。聴診器で自分とウサギの心音を聞いたり体温を測ったりする。ウサギの耳を透かして見て血管を見るなどである。これらの学習を通して，子どもたちは，ウサギの体は自分と同じように温かく，心臓の音が聞こえ，食べ物を食べ，うんちをすることを体験的に理解し，生きていることを実感する。抱いて温かさを感じることや心音を聞くことは感動が大きく，ウサギは自分と同じように生きていることを理解し，ウサギへの愛情が深まり，命の大切さが実感として認識できる学習である。

2. 生命観の育成

(1) 生命観

　生命観は，人間を含めた生き物に対する見方である。1・2年生の子どもたちは，生物と無生物についてまだあいまいな見方をしている。例えば，動くものは生きていると考えたり，死んだ虫はもう一度生き返ると考えたり，羽が取れたトンボは修理ができると考えたりすることがその例である。正しい生命観をもつ

ためには，できるだけ多くの生物に接する体験が重要であるとともに，意図的・計画的に生物と接する学習を実施することである。できれば，3，4歳ごろから，野外でアリやダンゴムシ，トンボ，チョウなどと遊び，飼ってみる。草花で花輪や冠，笹舟，草笛を作って遊ぶ。草花や野菜を育てて飾ったり食べたりする。田んぼや小川，海の浅瀬で小魚やカニ，虫などをとる。魚や鳥などの料理や解体に立ち会うなどの体験をさせたいものである。

(2) 生命観の育成

　生活科で正しい「生命観」を養うにはどのような学習活動が有効なのだろうか。身近な生物に多く接し，しかも，子どもたちが積極的に働きかけることができ，活動の全体が意図的・計画的に構成された学習活動ということになる。学習活動の例として，校庭や野外で動植物を探す，遊ぶ，飼育・栽培する。街に出て大木を探し人の輪で囲む。哺乳動物の飼育を行うなどが考えられる。このうちから，「ザリガニの飼育」と「大根の栽培」の学習活動例を挙げたい。

①ザリガニの飼育で育てる

　ザリガニの飼育については，東京都北区立滝野川小学校の実践を報告したい。この学習は，1・2学年で二度行う。ザリガニに関する予備知識は，図書室の絵本や図鑑で調べたり，近所のザリガニ博士の話を聞いたり，担任の先生の話から学習する。飼ってみたいという動機付けができたところで，ザリガニ釣りに出かける。釣る場所がない場合は，他の方法で手に入れる。1年生の子どもたちは4人班で2匹のザリガニの世話をするが，先生はかなり手伝わなければならない。子どもたちは，ザリガニに名前を付けたり，餌をやったり，水を変えたり，水草を入れたりして世話をする。1か月も飼うとかわいくなり，水槽から出して遊んだりなでたりするようになる。ときには，餌を忘れて共食いが始まったり，死んでしまったりして，生き物飼育の難しさや命のはかなさ，生き返ることはできないことを知る。2年生でもう一度飼う意味は，ザリガニを2〜3か月の長期間生かし続

けることに挑戦し，生き物の命を生かし続けるには，多くの世話と愛情と知識が必要なことを体験的に理解するためである。この学習活動を通して，子どもたちは命のはかなさを認識し，それ故に尊いという生命観を身に付ける。

②大根の栽培で育てる

　大根の栽培活動については，東京都武蔵野市立第二小学校の実践を報告したい。この学習は，2学年の学習活動として行い，10月の収穫を目指して種をまく。一人ずつ植木鉢に種をまくが，途中で畑に植え替える。その前に大根の育て方を調べる。絵本や図鑑，家の人に聞く，近所の農家の先生に聞くなどして，土作りや種まき，世話の仕方などを学習する。自分の大根の栽培なので意欲はあるが，責任も重い。途中多くの障害に会う。まず，芽が出ない，次にようやく出た芽が虫に食われたり枯れたりする。本葉が3・4枚出るまでに育ったのに水やりを忘れて枯らしてしまったり，鳥に食われたり，肥料不足で太らなかったりする。そのたびに，先生や農家の先生の助けを借りて，植えなおしたり世話の方法を改善したりして，とうとう収穫の日を迎える。子どもたちは畑の大根を抜き取って，驚きと感激に包まれる。真っ白な大根は，子どもの腕や足より太くなっており，長さも30～40cmになっている。植えた種は1～2mmの小さいものだが，大根は想像を超えて大きくなっていたのである。子どもの感想に「自分がうえただいこんが，こんなに大きいとは思わなかった」とあった。子どもたちは，植物が成長する生命力を実感として感じ取り，理解する。

第3節　知的好奇心と自然認識

　「知的好奇心」は，未知の自然物や現象に興味をもつことである。このことは，すべての学習や生活の動機付けになる心情であり，興味，関心や意欲の原動力である。「科学的な見方の基礎」を育てる場合も例外ではなく，「知的好奇心」なくして育てることは不可能である。「自然認識」は，人が自然界について五感を通して観察したり実験したりして，規則性や法則性を理解すること，また，理解した知識や概念も含めている。生活科においては，子どもたちが自然に働きかけ，直観的・全体的に気付いたことを知識や概念として獲得することである。このことを通して，「科学的な見方の基礎」が徐々に育成されることになる。

1．知的好奇心の育成

（1）知的好奇心

　「科学的な見方の基礎」を育てる重要な要素の一つが「知的好奇心」である。子どもたちはもともと好奇心が旺盛であるが，生活の中で見慣れている物や現象には好奇心は発揮しない。見たことがない，体験したことがない，知識としてもっていない，理解できないことなどに好奇心を発揮する。自然については，動く小動物や昆虫，美しい草花や変わった形の木や果実，目立つ色や形の石や岩，小鳥や大型の鳥，雄大な雲や変わった色の雲，燃える火や煙など，自然界の変わった物や現象に興味や関心をもつ。そして，この虫は何故この葉っぱを食べるのか，この石は何故赤い色をしているのかなどの疑問を発する。この好奇心を大切にして，「科学的な見方の基礎」になるように育てる。

（2）「知的好奇心」の育成

　「知的好奇心」を育成するためには，どのような学習活動が有効なのだろうか。有効な活動の例として，おもちゃ作り，公園の動植物探し，草花遊び，夏・秋探し，石遊び，秘密基地作りや芝生すべり，雪や雨遊びなどが考えられる。この中から「おもちゃ作りフェスティバル」と「虫探し」の例について述べることにする。

①おもちゃフェスティバルで育てる

　子どもたちは，もともとおもちゃ作りも遊びも大好きである。福井市立春山小学校の研究では，教師は子どもたちの知的好奇心をさらに喚起するために，16時間の学習時間を使って「おもちゃフェスティバル」を2年生に提案している。おもちゃを作り，1年生を招待しようという計画であるから，子どもたちの好奇心を刺激して，たいへん意欲を喚起したようである。おもちゃは動くおもちゃであり，動

力は風やゴム，磁石，ばね，風船とし，子どもたちは家からペットボトル，牛乳パック，割り箸，輪ゴム，糸などを持ち寄り，おもちゃを作った。グループで作ったおもちゃは，レーシングカー，空気ロケット，魚つり道具，割り箸でっぽう，風車などである。

　特に知的な好奇心を発揮するところは，おもちゃが動力で動くようにするところで，ここはたいへん興味をもち，工夫を凝らし，時間もかかったところである。もう一か所は，1年生を招待しておもちゃの操作方法を教える場面である。教えるためには，立場を変えて考えなければならず，興味をもったようである。

②虫探しビンゴゲームで育てる

　校庭や野原，林に出かけて動植物探しの活動をする際，好奇心旺盛な子どもとそうでない子どもの差が生まれる。好奇心がもてない子どもは都市では約半数いるが，興味をもたせる工夫はどうするか。東京都練馬区立豊玉小学校の研究によると，「虫探しビンゴゲーム」という学習によって，虫に興味がなかった子どもたちに好奇心をもたせた例がある。1年生の学習であるが，校庭で虫探しをする際，虫探しをビンゴゲームに仕立てた学習である。ビンゴカードには9つの欄があり，すでに6つの欄には虫の写真（ダンゴムシ，アリ，テントウムシ，チョウ，アブラムシ，バナナムシーツマグロオオヨコバイ）が入っており，見付けたらその虫に丸を付ける。3つの空欄には，その他の虫を見付けて記入するという約束である。子どもたちはグループで校庭に行き，次々と虫を見付け意欲的に取り組む。この学習の後，虫を飼ったり世話をしたりして，90％以上の子どもたちが虫の学習は楽しいと答えている。子どもたちの知的な好奇心を喚起するために，ゲームを活用するのは一つの方法であると考える。

2. 自然認識の育成

(1) 自然認識

　「自然認識」とは，子どもたちが自然に働きかけて気付いたことを知識や概念として獲得することである。このことを通して，「科学的な見方の基礎」が徐々に育成されることになる。例えば，春・夏・秋・冬の公園や野原を訪れることにより，動植物の年間の変化に気付く。動植物との遊びや飼育栽培は，動植物は種類によって異なる形質をもち，住む場所が異なり，成長の仕方も異なるが，一方，共通点があることに気付く。動くおもちゃ作りをして遊ぶことに

より，風やゴム，ペットボトル，ダンボールなどの性質や働きに気付く。子どもたちは生活科の学習活動を通して，体験的に生物の生きている状態や形質，働き，種としての見方などができるようになる。また，半自然物の形質や働き，色などや，泥や砂，石，空気などの性質を体験的に認識していく。しかし，1・2年生の「自然認識」は，まだ科学的な見方とはいえず，心情や感情が交じった素朴な生活体験的な「自然認識」である。

(2) 自然認識の育成

自然認識を育てるためには，どのような学習活動が有効なのだろうか。自然にかかわる学習活動は，有効な内容が多いと考えるが，例えば，公園や野原，林の春・夏・秋・冬の動植物探しや葉や枝，果実など自然物を使ったおもちゃ作り，木のぼりや芝滑り，動植物の飼育・栽培，泥や砂・石遊び，水遊びや船遊び，火を燃やして焼き芋作りなど多様な学習活動が考えられる。この中から「葉や枝で作って遊ぼう」と「おもちゃランドづくり」の例について述べる。

①葉や枝で作って遊ぼうで育てる

「葉や枝で作って遊ぼう」の学習活動は，1年生でも2年生でもできる学習であり，夏または秋が適切な時期である。ここでは夏に行うことにし，まず，子どもたちの遊び体験を聞き，野外の自然のものを使っておもちゃ作りはできないか聞いて動機付けをする。野外の場所は，近くの林や野原，公園などを選び，出かける。子どもたちは，作るおもちゃを想定しながら草木を探したり，逆に草木を見て作るおもちゃを想定したりする。草木の葉や枝，花，果実，種子などを探して持ち帰る。植物だけでなく，虫なども見付けて喜ぶこともある。使う材料は，草ではシロツメクサやタンポポ，ヒメジオンなど，木ではケヤキやマツ，ヤツデ，アオキなどが多い。持ち帰った葉や枝を使って，動物や花輪，人形，車，家などを作って楽しむ。

子どもたちは，この学習活動で何に気付き，何を認識できるのだろうか。草と木が違うこと，葉は種類によって形や大きさ手触りが違うこと，薄い葉と厚い葉があること，縁がぎざぎざしている葉となめらかな葉があること，

木の枝は太く茶色が多く，草の茎は細く緑色が多いこと，花は種類によって色や形や大きさが違うこと，木にもヤツデやアオキのように花が咲くこと，草や木の実は種類によって赤い実や黒い実，茶色の実があることなどに気付き認識することができる。この素朴で体験的な自然認識は，3学年以上の「科学的な見方・考え方」を育てる土台になる。

②おもちゃランドづくりで育てる

　「おもちゃランドづくり」の学習活動は，内容の難易度から2年生が適していると考える。最終目標は，多数のおもちゃを集合して「おもちゃランド」を作るが，その過程においてグループで選んだおもちゃを作る。作るおもちゃは，例えば，転がすおもちゃの例として車やかたつむりなど，風のおもちゃの例として帆船，ホーバークラフト，パラシュートなど，ゴムのおもちゃの例としてロケット，亀，プロペラ船などがある。使う材料は，家から持参するペットボトルや牛乳パック，紙コップ，セロテープなど，学校では輪ゴムや竹ひご，画用紙，いため紙など十分に準備する。子どもたちは，おもちゃの本体を作るとともに，うまく動くようにするための調整に熱中する。

　子どもたちは，この学習活動で何に気付き，何を認識できるのだろうか。おもちゃの本体を作るには，子ども自身が描くおもちゃのイメージに沿って，材料を加工する必要がある。牛乳パックや画用紙，いため紙を切り，それを糊やセロテープで張り合わせ，輪ゴムを取り付けるなどする。このことを通して，子どもたちは牛乳パックや画用紙，いため紙などの材質や加工の難易度や方法に気付く。また，ペットボトルや牛乳パック，いため紙などの接着方法や輪ゴムや風の働きなどに気付くことになる。また，円滑に動くようにするために，本体と車や帆の調整，ゴムや風の性質や働きを体験的に認識することができる。

第4節　科学的な思考力と表現力

　「科学的な見方」のうち，理性面の中核を占めるのは「科学的な思考力」と「表現力」である。「科学的な思考力」とは，論理的，実証的に深く考える力である。また，「表現力」とは，自分の考え方や感情を表情や身振り，言葉，文章などで表し，他人と意思の疎通を図る力である。この両者は合わさって他の人に自

分の考えや感情を伝え，また，他人の考えや感情を知ることが可能になる。生活科ではその基礎を育てるが，生き物や物を比較してみたり，現象の素朴な原因を考えたり，改善の方法を見付けたりして考える力を育て，そのことを話し合ったり発表し合ったりして意思の疎通を図る力を育成する。

1. 科学的な思考力の育成

(1) 科学的な思考力

　1・2年生における素朴な「科学的な思考力」とは，生き物や物を比較して違いが分かることや，2つか3つの物の共通性を見付けることや，目前の簡単な現象の原因について考える力，素朴な問題を解決する能力などである。例えば，アサガオの子葉とヒマワリの子葉を比較して違いを理解する力や，両者の共通点は子葉の形は異なるが2枚であることは同じであることなどを理解できる力をいっている。また，ザリガニが死んだのは，餌が原因か水槽の環境が原因なのかを考えて，餌を忘れないで適切な量を与えるようにし，水槽をすみやすくすることなどができる力を指している。シャボン玉を大きく作ることができるのは，体験してみて石けんの濃さに関係があるらしいということを見付ける力をいっている。さらに，2～3人は入ることができる秘密基地を作るには，藪の中に適切なスペースがあって，立てる柱や囲う枝や葉がどれくらい必要かが考えられる力を指している。当然，1・2年生なので「科学的な思考力」のみを切り離して育てることはできないので，「豊かな心情」や「生命観」などとともに育てることになる。

(2)「科学的な思考力」の育成

　素朴な「科学的な思考力」を育てるためには，どのような学習活動が有効なのだろうか。子どもたちがAとBを比較できる学習活動であり，しかも簡単な原因と結果について考えられる学習活動であり，問題を解決できる学習がふさわしい。生活科の飼育・栽培活動や探したり工夫して作ったりして遊ぶ活動などの大部分は「科学的な思考力」を育てるために適した学習であるといえる。条件を挙げれば，子どもたちが活動する動機をもっていて，主体的に活動し，工夫したり改良したりする余地があり，子どもたちで解決できる学習活動がベストである。ここでは，「ゴムで動くおもちゃ」と「秘密基地作り」の例を挙げたい。

①ゴムで動くおもちゃで育てる

　「ゴムで動くおもちゃ」は，ゴムで動く車や船，飛行機，ロケット，かたつむり，タコなどがあるが，ここでは，「空飛ぶ円盤」を紹介したい。円盤は牛乳瓶のキャップや大きめのメンコに切れ込みを入れたものを使用し，動力は割り箸の先端にセロテープで固定した輪ゴムである。作り方を指導すると難なく作ることができるが，飛ばすことは少し難しい。それでも，円盤の切れ込みに輪ゴムをかけ，引っぱってから離して飛ばすことを指導すると，誰もができるようになる。初め，子どもたちはうまく遠くへ飛ばすことはできない。黙って見守っていると，飛ばす角度は低すぎても高すぎても飛ばないことに気付き，ちょうど45度ぐらいが遠くへ飛ぶことを発見する。また，手前に引くゴムは，長いほど遠くへ飛ぶことに気付くが，引きすぎるとゴムが切れることも体験する。やがて，さらに遠くへ飛ばすために，先生に輪ゴムを要求し，2本，3本と増やして遠くへ飛ばす。この学習から，子どもたちは円盤が飛ばない原因と飛ぶための要因を探り出し，工夫と改良を加える。また，輪ゴムを引く長さを比較し，

輪ゴムの本数と動力源としての力の大きさも測る。これらの学習活動の過程で，比較する能力や原因と結果の関係などを体験的に学習し，素朴な「科学的な思考力」を獲得する。この学習は，円盤を飛ばすので危険が伴う。会場の設定は必ず人がいないスペースをつくり，その方向に円盤を飛ばすようにする配慮が求められる。

②秘密基地作りで育てる

　「秘密基地作り」は，子どもたちにとって魅力的な学習活動であり，工夫や改良の余地が多いという意味で，素朴な「科学的な思考力」を育てるには適切な学習活動である。作る場所は，校舎や体育館の裏，林や空き地などで他の迷惑にならないこと，少し長い期間かけても支障のない場所を選びたい。材料は，事前に保護者や用務主事さんと相談し，半年前から集めておく。立木の剪定したものや廃材，家庭から持参したダンボール，魚箱，ヒモ，ガムテープなど。4人班で8〜9基地は必要である。動機付けの後に話し合い，設計図を考える。

4本の柱に4本の梁が必要なことや，屋根のシートをかぶせる前に垂木や板が必要なことなどは，体験から学ぶ。釘で止めることは技術的に難しいので，縛る技術を教える。途中で雨が降ると基地内への浸水対策に迫られ，解決しなければならないことが次々に出てくる。夏にかかると蚊対策まで必要になり，携帯蚊取り線香の世話になる。わくわくする楽しい活動ではあるが，子どもたちの小さな体と頭脳をフル回転しなければならない負荷の大きい学習活動である。また，意見の違いや対立が起きることが多く，人間関係の調整や修復に追われる。子どもたちは，初め，自分たちの夢のような「基地」を思い描くが，現実には材料の制約や未熟な技術上の制約などの壁にぶつかる。それらを解決して，曲がりなりにも完成したときの喜びは大きい。作る過程で，さまざまな障害を解決するために素朴な「科学的な思考力」を働かせ，問題解決能力を高めていくことになる。

2. 表現力の育成

(1) 表現力

　狭い意味の「表現力」は，話す力や書く・描く力，表情や動作で表現する力と定義できるが，ここでは，「表現力」は伝え合う力と定義し，読む力や聞く力，理解する力も入れたコミュニケーションを行う力として話を進めたい。「表現力」と「科学的な思考力」の関係は，遊びなどの学習活動の中で，感じたことや気付いたことをつぶやきなどで表現することによって，確認と新しい発想が生まれるという関係である。また，友達の活動や作品を見たり聞いたりして触発され，改善策が思い付いたり新たな思考が生まれたりする関係でもある。「表現力」は単に他人に伝えるという単純な力ではなく，「思考力」と切っても切れない関係にあり，相互を高め合う補完関係にあるといえる。「表現力」を高めるためには，活動を充実して「科学的な思考力」を高めなければならず，「科学的な思考力」を高めるためには，「表現力」を高めなければならないという関係である。

(2) 表現力の育成

　1・2年生の「表現力」を育成するためには，まず，表現したくなるような学習活動を充実することである。「飼育・栽培活動」や「虫や草花探し」「おもちゃ作り」「芝生すべり」「基地作り」などの活動が充実しており，楽しく多く

の気付きがあれば，自ら話したい絵を描きたいということになる。あとは話す方法や絵を描く，動作化，劇化などの技術を指導するとよい。友達との伝え合いは，教師側の指導と工夫が必要である。子どもの間で自然発生的に活動を見合ったり，触発し合ったりすることは，会場設定を工夫することで実現できる。少し広めの会場で共に作ったり，遊んだりできるスペースがあれば，互いの伝え合いが生まれやすい。個々の活動の間に子どもたちを集めて情報を伝え合う場合は，夢中で活動している際は避け，活動が一段落した機会をとらえて集合する。その際，他に伝えたい情報や気付きをもっている子どもを見逃さず，声をかけ発表させたい。いずれにしても，「表現力」の基本である，大きな声で分かりやすく話すことは繰り返し練習しておきたい。

風で動くおもちゃで育てる

　「風で動くおもちゃ」は，帆のある車や帆のある船，風車，風輪作りなどがある。ここでは，帆のある車作りと遊びで「表現力」を育てる方策を考えてみたい。車輪4個とひご2本，胴体のダンボール，帆の厚紙は教師が用意し，子どもたちはそれを組み立てて帆のある車を作る。帆の大きさは，自分で選択できるようにしておく。動力はうちわであおぐ風の力であり，遊ぶ会場は体育館を使う。帆が小さい車やうちわの風が弱い車，風が正面から当たらない車はうまく走らない。なかなかうまく走らせることができない子は，勢いよく走る車を見て，自分の車と比較する。帆の大きさが問題なのか，風の当て方が問題なのか考える。問題点を理解した子は，すぐに帆の大きさを変えたり，うちわのあおぎ方を変えたりして試してみる。子どもたちの間に，さかんに伝え合いが

行われる。うまく動かなかった多くの車は，改善を加えられてスムーズに動くようになるが，まだ動かない車が残る。ころ合いを見て，教師は子どもたちを集め情報交換の会をもつ。スムーズに走る車と走らない車数台ずつを子どもたちの目前で走らせ，持ち主の子どもに説明をしてもらう。工夫した点や，うまくいかない問題点を話してもらい，全員で考える。この時，物を示して他人に分かるように

説明する技術を丁寧に指導する。話し合いから浮かび上がってくるのは，スムーズに走る条件である。4つの車が円滑に回ることはもちろん，帆に一定の大きさがあること，風は帆の正面から当たり，一定の強さがあることなどが明らかになる。子どもたちは，幼い表現力を発揮して一つの知識をつくり上げていくことになる。円滑に走る条件が分かったところで，もう一度車に改善を加えて，全員がスムーズに走らせることができるようにする。

「科学的な思考力」と「表現力」は，密接な補完関係にあり，生活科のあらゆる単元で繰り返し実践し，育てるようにしなければならない。

コラム

1・2年生の自然観察

　日本において，1・2年生の児童が自然を対象として学習するようになったのはいつごろのことだろうか。明治5（1872）年の「学制」公布により小学校に「理学大意（究理学大意）」が設置されたが，まだ通学する児童は少なく，さらに，明治13（1880）年の「改正教育令」により，「博物・物理」は小学校4年生から学習することになったため，1・2年生が自然を相手に学習するようになったのはずっと後のことである。大正時代に一部の附属小学校や私立小学校等における合科教育等の実践はあったが，全国の小学校に導入されたのは，昭和16（1941）年の「国民学校」からである。

　国民学校では，理数科の中に1〜3年生が学習する「自然の観察」と名付けられた理科が設置され，「設定の理由」及び「指導の要旨」は次のような内容であった。

自然観察の設定理由

　児童は，就学以前から自然に興味をもっている。自然の中で自然とともに遊び，自然に脅威を感じ，自然から色々なことを学びながら経験を積み，生命を発展させている。また，機械・器具の利用されている現代に生活している児童は，これらに接して経験を重ね，特に船や車や飛行機などに興味をもち，色々な玩具をもてあそび，これ等から色々なことを学び，また，工夫する態度も養われてきているのである。このような発達過程にある児童を学校において指導するには，その過程に順応すべきはいうまでもないところであって，これらに対して何等の考慮を払わないときは，児童の自然物・制作物に対する興味の発達を中断することとなる。

指導の要旨

(1) 自然に親しませ，自然の中で遊ばせつつ，自然に対する目を開かせ，考察の初歩を指導する。

(2) 植物の栽培，動物の飼育をさせ，生物愛育の念を養うとともに，観察・処理の初歩を指導する。

(3) 玩具の製作をさせ，工夫考案の態度を養い，技能の修練をする。

　野外の観察や実際の栽培・飼育，玩具の製作を重視するため，教科書は作らず教師用指導書のみ編集された。観察は，感覚的直観や全体的直覚的な把握を大切にし，現在の生活科に非常に近い。

課　題

1. 「科学的な見方の基礎」とは，どのような概念か説明してみよう。
2. 「豊かな心情と生命観」とは，どのような概念か説明し，そのことを育成する方策を述べよう。
3. 「知的好奇心と自然認識」とは，どのような概念か説明し，そのことを育成する方策を述べよう。
4. 「科学的な思考力と表現力」とは，どのような概念か説明し，そのことを育成する方策を述べよう。

参考文献

安彦忠彦監修『小学校学習指導要領の解説と展開』教育出版，2008年

板倉聖宣他著『理科教育史資料・第1巻』とうほう，1986年

木村吉彦著『生活科の新生を求めて』日本文教出版，2008年

塩原孝茂・土井進著「生活科における自然体験の意義と改善の方向」信州大学教育学部付属教育実践総合センター紀要「教育実践研究 No.3」2002年

東京都北区立滝野川小学校「平成19年度研究紀要」2007年

東京都練馬区立豊玉小学校「平成19年度研究紀要」2007年

東京都日野市立日野第四小学校「全国小学校理科研究大会東京大会指導案集」2009年

東京都文京区立明化小学校「生活科・社会科学習指導案」2009年

東京都武蔵野市立第二小学校「平成21年度研究紀要」2009年

福井市立春山小学校「全国小学校理科研究大会福井大会指導案集」2007年

文部科学省「小学校学習指導要領（平成29年告示）」2017年

文部科学省「小学校学習指導要領（平成29年告示）解説　生活編」2017年

文部省『自然の観察・教師用』「自然の観察」復刻刊行会，1975年

第 8 章

生活科の授業づくり
―社会と自分とのかかわり

　本視点からの活動は学校や地域が考えられるため，この章では地域・学校とのかかわりの事例を中心に展開している。

　特に公共心や社会生活のルール，マナーの大切さを実感しつつ，自ら身に付けようとする態度を養うことが大切である。そこで，以下に2事例を示した。一つは，2年生が学区内の探検後，さらに焦点化を図り，公共物や公共施設についての利用の経験から自分とのかかわりを捉え，それらを支えている人に気付き，快適に利用できる態度の育成をねらった授業づくりである。二つは，入学後間もない時期の1年生が，学校探検で学校生活に適応しつつ，施設の役割やさまざまな人との触れ合いを通して社会性を身に付ける授業づくりである。これをもとに授業づくりを学習してほしい。

キーワード　探検　直接体験　公共物

第1節　「社会とかかわる内容」

　生活科の学習内容を構成する際の基本的な視点は，(1)自分と人や社会とのかかわり，(2)自分と自然とのかかわり，(3)自分自身，の3点である。また，学習対象としては，①学校の施設，②学校で働く人，③友達，④通学路，⑤家族，⑥家庭，⑦地域で生活したり働いたりしている人，⑧公共物，⑨公共施設，⑩地域の行事・出来事，⑪身近な自然，⑫身近にある物，⑬動物，⑭植物，⑮自分のこと，の15項目に整理されている。授業を構成する際には，これらの3視点と15項目を組み合わせて，そこに生まれる学習活動を核として9つの内容

が構成されたのである。

1．生活科の9内容

　生活科の内容(1)〜(9)の記述には以下の三要素が組み込まれて構成されていることを押さえて，それぞれの内容を読み込み，ポイントになることを理解していくことが大切である。そこで，以下に三要素を示してみる。

> 1．児童が直接かかわる学習対象や実際に行われる学習活動
> 2．対象とのかかわりや学習活動を通しての気付きや思考・認識
> 3．前1．2．を通して一体的に育まれる能力・態度

　最初に，生活科の内容全体(1)〜(9)それぞれの階層性，内容番号，学習対象・活動，思考・認識，能力・態度を捉えておくことが必要である。詳しくは，第5章第2節2「生活科評価の特質と内容」を参照していただきたい。

第2節　授業づくり「地域探検」

　では，「生活科の内容構成」をもとにして，「社会と自分」にかかわる内容について取り上げ，授業づくりについて進めていくこととする。

1．「社会と自分」の授業づくり

　生活科の「(4)公共物や公共施設の利用」における内容は，学習指導要領では，次のように記述されている。

> 　公共物や公共施設を利用する活動を通して，それらのよさを感じたり働きを捉えたりすることができ，身の回りにはみんなで使うものがあることやそれを支えている人々がいることなどが分かるとともに，それらを大切にし，安全に気を付けて正しく利用しようとする。

　学習の対象で最も身近な公共施設は学校である。児童は，学校生活を営む中で，少しずつ公共の意識が育ってきている。ここでは，学校からさらに生活地域へと活動を広げていくことが求められている。

　従前の内容は，「公共物や公共施設はみんなのものであること」と示されていたが，今次改訂で「公共物や公共施設を利用する活動を通して（中略），身

の回りにはみんなで使うものがあること」と変更された。

　生活科の目標に「具体的な活動や体験を通して……」とあるように，公共物や公共施設を「利用」すること，つまり「自分とのかかわり」から，身の回りにはみんなで使うものがあること，そしてそれを支えている人々がいることなどを理解し，それらを大切にし，安全に留意して正しく利用できるようにすることを目指している。

　学習の対象・活動等や育てる思考・認識等及び能力・態度等を整理すると以下のようになる。

○学習の対象・活動等──身近な地域にある公共物・公共施設を利用・活用する活動を行ったりする。

○思考・認識等──公共物や公共施設を支えている人々がいることに気付く。

○能力・態度等──自分たちで大切にし，安全に利用する。

2.　第2学年の「社会と自分」授業づくりの例

第2学年　生活科学習指導案

1.　単元名「わくわくドキドキわたしの町大すきⅡ」……37時間

2.　単元の目標

(1)　自分の町の探検活動を通して，町にはさまざまな場所やものがあること，人がいることが分かり，町への愛着を深める。

(2)　身近なさまざまな公共施設や場所を大切に安全に利用すること，それらを支えている人がいることが分かる。

(3)　自分の好きな場所や人，公共施設の利用を通して友達や地域の人たちに伝えたいことをさまざまな方法で表現し知らせる。

3. 単元の評価規準

生活への関心・意欲・態度	活動や体験についての思考・表現	身近な環境についての気付き
・「大好き」を意欲的に探すことができ自分の町に愛着をもつ。 ・気付いたことや考えたことを友達や年下の子に進んで伝えようとしている。 ・公共物を大切にし，安全に利用しようとする。	・さまざまな場所や施設，人を意欲的に見付けようとしている。 ・町探検から見付けたこと，考えたことを工夫して表現することができる。 ・気付いたことや考えたことを友達や年下の子に分かりやすく伝えることができる。	・自分の町に好きな場所・人がいることに気付く。 ・施設を利用し自分以外にさまざまな人が利用していることに気付き，大切にすることができる。 ・施設を支えている人がいることに気付く。

注）評価規準の文言は，旧学習指導要領に依拠する。

4. 地域環境と児童の実態及び指導経過

　本学区は厚木市の中心地に当たり，市の玄関口である本厚木駅も学区の南側にある。北東には相模川が流れ，北にはその支流の中津川と小鮎川があり，夏祭りイベント「花火大会」の会場となっている。

　学区の大部分が市の中心地域のためにさまざまな官庁があり，市街地域である。本厚木駅を中心にしてさまざまな店舗があり，商店街を形成している。また，大型店舗も駅近辺に多く終日賑わいを見せている。駅からやや離れた地域には戸建て住宅とさまざまな商店が混在している。

　最近，大型マンションが幾つか建設され転入児童も多くなっている。

　このような中で生活している児童は，商店街や多くの人と接する機会はたいへんに多いが，日常の生活で遊べるような場所としては近所の公園以外には空間がほとんどないのが実状である。そのため，自然に触れることや，体験する機会には恵まれていない。

　そのような状況から児童は学区内にある公園についてはさまざまな情報をもっていて，遊具の多さや面白さを友達に伝えては一緒に遊んでいるようである。

　これまでの学区探検の学習で自分の町自慢や町の名人，春の町の様子を捉えることをしてきた。その中で，児童は公共施設については特に公園やそこにある遊具には目を向けた。また，町自慢でもどちらかといえばさまざまな商店や大型店舗が中心となっていた。

　そこで，この小単元では児童が目を向け，関心の高い公園を出発にして，公共施設の場所や利用方法を中心にして，自分とのかかわりから，そこで働く人の思いや願い，利用する人の気持ちを捉え，大切に安全に使う態度を育成しようとするものである。

5. 単元の構成と指導計画（9月〜12月）

　本事例の年間計画は，1学期に35時間・2学期に37時間・3学期に33時間を配当し，それぞれを一大単元として構想している。本単元は2学期の大単元37時間を5小単元から構成している。ここでは，各小単元名と主な内容を記述するとともに，第3小単元の指導計画13時間と本時2時間の展開の詳細を紹介したものである。

①第1小単元「すてきなこといっぱいの町」は，四次構成で，町にある「大すき」を紹介し合うことから出発する。子どもたちは，日常的に目にする商店や商店街，近所の公園や夏に経験したいくつかの夏祭り，いつも出会う近所の人たちを挙げてくるであろう。それらをカードにまとめ，その場所や人に出会うための探検をし，さまざまな方法でまとめて発表し合う。

②第2小単元「もっとしりたいわたしの町」は，二次構成で，自分や友達の発表からさらに詳しく知りたいこと，調べたいことや調べる方法を考えて探検活動を行い，まとめて発表し合う。

③第3小単元「みんなでつかうもの町のひみつ」は，四次構成で，これまでの学習で，公園については皆で使うものであるという認識がなされるであろう。しかし，施設管理や安全への配慮等については認識することは難しいであろう。そこで，本小単元ではさまざまな公共施設について焦点化し，児童が自分とのかかわりの中でそれらの意義について認識できるよう，いろいろな方法で調べ・まとめ・発表し合うことを多く導入した。

④第4小単元「大きくなったね⑥」は，二次構成で，学校の畑で栽培していた「さつまいも」「さといも」等の収穫をし，春から指導してくれた近所の農家の人を招待して感謝の会を開き，地域に農業の名人さんがいることに気付く。

⑤第5小単元「手がみでしらせよう」は，一次構成で，「年賀状」に2学期の楽しかったこと，町の大好きなこと等を書き，祖父母や親戚に発信する。松枝郵

便局に投函に行き，郵便局を利用する。

〈小単元の構成と配当時間数〉

・第1小単元「すてきなこといっぱいの町」（学指：内容3・4・5）……10時間
・第2小単元「もっとしりたいわたしの町」（学指：内容2・3・4）……8時間
・第3小単元「みんなでつかうもの町のひみつ」（学指：内容1・3・4・8）

……14時間

・第4小単元「大きくなったね⑥」（学指：内容2・5・7）………………3時間
・第5小単元「手がみでしらせよう」（学指：内容8・9）………………2時間

〈第3小単元指導計画……14時間〉

次	時	児童の主な活動	○ 教師の支援　◇ 評価
一次　場所を探そう	みんなでつかうものって？　三時間	1．学級全員で中央公園に行き皆で遊ぼう(1) ・公園全体を使ってさまざまな遊びをする。 ・広くてきれいな公園，たくさんの遊具やいろんな人に気付く。 2．皆で施設・場所を探してみよう(1) ・北児童館・公民館・市立病院・中央公園・図書館・子ども科学館・郷土資料館・市営プール・バスセンター・市営グランド・中町公園・郵便局・ハトぽっぽ公園・市役所・交番・福祉センター・市営スポーツセンター等 3．自分はどんな時どのように使ったか経験をカードに絵と文で書いてみよう(1) ・場所ごとに仲間分けしていく。	○「あそびカード」に遊んだもの，気付いたことをメモさせる。 ・整備された広場，手入れの行き届いた遊具，さまざまな人がいることに気付かせる。 ○多数が行くのであらかじめ市へ連絡しておく。 ◇多くの遊びができたか。 ◇カードにまとめているか。 ○既習学習での絵地図や探検時の経験を思い出させるようにしてグループで新たな地図に入れる。 ○グループごとにまとめた後，発表して1枚の大地図に位置を落とし，全体で確かめる。 ◇経験を思い起こして場所を挙げ，まとめているか。 ○場所と自分とのかかわりを書かせるようにする。 ◇カードに分かりやすく書けたか。
		1．観察の準備をしよう(1) ・自分の観察場所と観察，聞くことの内容を話し合いカードに書く，コースを決める。	○場所は問わず具体的な経験から観察場所の近い者でグループを組むようにする。 ○3～4人ずつのグループ編成をし，カー

二次　調べよう・しらべよう・まとめよう	ひみつをさぐろう・しらべよう	五時間	2．コースに分かれて施設・場所の様子を観察しよう(2) ・働いている人を観察し、聞き取りをする。 ・「観察カード」にまとめる。 〈以下8コース〉 ①学校近辺A（郷土資料館・市立病院） ②学校近辺B（北児童館・松枝郵便局） ③学校近辺C（市営プール・グランド・公民館） ④中央（中央公園・市役所） ⑤駅近辺A（バスセンター・福祉センター） ⑥駅近辺B（交番・駅・中町公園） ⑦駅近辺C（図書館・市営スポーツセンター） ⑧駅近辺D（ハトぽっぽ公園・子ども科学館） 3．観察してきたことをまとめよう(2) ・見てきたことを絵や文で表現する。 ・働いている人や管理している人，来ている人はどんな気持ちか表現する。 ・発表の仕方を考えながらまとめる。	ドに観察やインタビューする内容を書かせる。 ◇カードに観察することや聞くことがまとめられているか。 ○関係箇所にはあらかじめ連絡を取って対応について依頼しておくこと。 ○安全に気を付けさせる，連絡方法について確認する。 ○父母の協力を願う（安全面や対応での留意事項についてはあらかじめ伝達しておく，活動の様子をデジカメで撮影してもらう）―発表時にも活用する。 ○「観察カード」の項目により，働いている人の仕事や役目を観察し，適切にインタビューさせる。 ○「観察カード」の項目により，仕事や行事，事業等を聞き取りさせる。 ○デジカメやTRの活用も考えさせる。 ◇観察しようとしているか。 　適切に聞こうとしているか。 ◇「観察カード」にまとめられているか。 ○「観察カード」を元に分かりやすく表現させる。 ○その人たちの気持ちや願いを文章で表現できるようにさせたい。
三次　知らせよう	ひみつをはっぴょうしよう	四時間	1．発表の準備をしよう(1) ・まとめたものを元に発表の方法を考える。 （大きな絵，紙芝居，ペープサート，クイズ，劇，TV　等） ・1年生，他学級，保護者，施設等の人に案内状を出す。 2．発表会をしよう(2) ・自分で調べ，まとめてきたことを自分の方法で来た人に伝えよう。 ・自分でどのように使ったかについて。 ・どんな物があったか。	○体育館にそれぞれのコーナーを一定間隔で，他の発表が聞こえないよう配慮する。 ○テーブル，椅子，衝立等適切に活用させる。 ○教育機器の活用も考慮する。 （活動や取材の様子，取材の内容を） ○最初の1時間目は1・2年生対象で，2時間目に保護者・関係者とする。 ○分かりやすくはっきりした声で伝えられるようにさせる。 ○できる限り相手を見て発表させる。

	・使ったときの気持ちはどうか ・仕事をしている人の気持ちはどうか。 3．発表会を聞こう(1) ・他学級の発表を聞きに行く。 ・調べた内容や発表の仕方でよかった点を見付けて伝えさせる。	◇分かりやすく伝えていたか。 （声の大きさ・速さ） ◇発表資料を適切に使っていたか。 ○他学級の発表会に参加してよいところを見付けさせる。 ◇他学級の発表を聞けたか。「よかったカード」に記録できたか。
四次　まとめよう しんぶんをつくろう　　二時間	1．「町たんけんしんぶん」にまとめよう(2) ・場所，ひみつ，楽しかったこと，学習全体の感想の4つの視点から記事を書く。 	○B4用紙に1枚，絵と文とで一対になるように構成させる。 ○基本の紙面割をしておくが自由に構成してもよい。 ◇「町たんけんしんぶん」に分かりやすくまとめられているか。

6. 本時の指導

(1) 本時のねらい

①それぞれの施設を使ったこと，調べたことから役割が分かる。

②支えているたくさんの人がいることが分かり，利用の際に注意しなければいけないことに気付く。

③分かりやすく発表する。

(2) 本時の展開 (9・10 / 13時)

主な学習活動	○ 教師の支援　◉ 発問・指示　◇ 評価
・みんなで使うもの「町のひみつ」を発表しよう。 1. 開会セレモニー ・はじめの言葉 ・全員の歌 ・がんばろうの言葉 ・注意の話 ・校長先生の話 2. 前々時に書いたもの，前時に準備したものを元に発表する。 （聞き手は1年生・他の組・保護者・地域の人） ①学校近辺A ・郷土資料館 恐竜を見に行ったよ，古いものがいっぱい，調べたり集めたりする，図書館みたい，分からないことを調べるのに時間がかかる，分かったとき嬉しい，みんなに伝える。 ・市立病院 受付・事務の人，さまざまな科があること，医者もいっぱいいる，いろいろな人が働く，救急車が来た，たくさんの人が待っているよ。 ②学校近辺B ・北児童館 よく行くよ，こんなことしたよ，来る人は，教えてくれる人がいるよ，どんな気持ち。 ・松枝郵便局（特定郵便局） 荷物送ったよ，どんな仕事している，来る人は，気持ちは。 ・市立もみじ保育所 自分も行ってたよ，遊び道具がたくさんある，小さい子がいるよ，遅くまでいるよ，先生もたくさんいるよ，先生の願いは。 ③学校近辺C ・市営プール・グランド 夏に行ったよ，監視員のお兄さんがいたよ，子ども会で使ったよ，他に使ってた人たちは誰，グランドきれいにしてたよ，気持ちは。	・体育館背面に2Gr.，側面に6Gr.の発表コーナーを設ける，発表の邪魔にならないよう衝立等で仕切る，掲示物は壁に貼る。 ・一部GrはデジカメをTVに接続して発表するように工夫する，他のGrはプリントアウトして掲示する。 ・体育館のフロアー前面から中央に整列する（前半は1・2年生のみ，後半保護者と地域の人）。 ・2年生は，発表者のよかったところを「カード」に記入し渡す。 ○児童の興味あるトリケラトプスを中心にして，全館の配置や興味のあったこと・気付いたことを，学芸員さんのインタビューから苦心や楽しみも伝えるようにさせる。 ○「みんなを守ってくれる秘密」として，自分の出産時の様子や子どものけがと病気，多くの科，夜間も勤務，働くさまざまな人とその気持ち，健康のために自分で気を付けること等を中心にして発表させる。 ○夏祭りのこと，放課後のこと，物作りのこと等，1年間の自分たちの行事を中心にし，指導者の願いと自分たちの気持ちにも触れさせる。 ○窓口業務が中心のため，目に見えて捉えられる手紙や小包集荷くらいにし，金融関係は「貯金の仕事」としてまとめるようにする。 ○自分の体験や成長した自分の目で見た保育所，教えてくれた先生の自分たちに対しての気持ちや，それに対する自分の気持ちも述べられるようにする。 ○この時期プールは閉鎖で「夏の思い出」を述べさせるものとする，グランド使用は観察しインタビューや自分たちで使った経験から気持ちや気付いたことを伝える。

・北公民館 夏祭り・盆踊りで使ったよ，他に何で使うの，どんなことしているの，働いている人は，気持ちは。 ④中央 ・中央公園 みんなで遊んだよ，こんな遊具があるよ，こんな人が来たよ，誰が作ったの，きれいにしている人がいたよ，どんな気持ちでしているの。 ・市役所 決まった曜日にゴミや資源回収車が来るよ，近所に掲示板があるよ，家に手紙やお知らせが来るよ，誰がしているのかな，どんな気持ちかな。 ・消防署 消防車や救急車の仕事の内容と順序，自分とのつながり，市民を守る気持ち，ふだんの仕事や働き方などについて。 ⑤駅近辺A ・バスセンター 乗車の経験や多くの乗り降り，多くの行き先がある，運転手さんのたいへんさと喜びなどについて。 ・市福祉センター どんな所・どんな人が使うの，どんなことしているの，働いている人について。 ⑥駅近辺B ・交番と駅 どんな仕事，いろんな人が来る，困ることや楽しいこと，気を付けていることは，嬉しいことは。 〈以下各場所は省略〉 3．閉会セレモニー ・がんばったことを発表 ・公園のおじさんから ・お母さんから ・終わりの言葉	○自分や自分の家と公民館のつながりで，夏祭りや盆踊りまでの準備や苦労，地域への呼びかけや交流の意義，各種事業の企画・公民館職員の努力と喜び等について。 ○さまざまな遊具で遊んで楽しかったこと，さまざまな人が利用すること，管理や清掃で支えている人たち，安全に使えること等，気付いたことやその人への気持ちも発表させる。 ○健康診断・保育所・入学・公園等 自分の生活や家庭とつながっていることから市役所の役割を捉え，働く人の気持ちも発表させる。 ○日常の勤務や出勤体制，危険と隣り合わせの署員の気持ち，具体的な仕事の内容について，調べた自分たちの気持ちも発表させる。 ○多くの乗降客・行き先やダイヤ，乗車の注意，運転手・乗客へのインタビューをまとめたものを発表させる。 ○児童にとっては理解が困難な部分もあるので，自校の支援学級も見学しながら理解を深めさせる。 ○交番：1年生でも分かるふだんの仕事を中心にして伝えるようにさせる。 ○駅：さまざまな仕事とともに安全を守り，安心して利用できる工夫も紹介する。 ・今日の発表で楽しかったことや自分でがんばったことを発表させる。 ・あらかじめ依頼しておき，参加者からの言葉をいただく。

3. 本単元の指導法と留意事項

(1) 活動素材の取り上げ—場所・人・もの

　第1小単元で児童は地域に出てさまざまなものを発見・目にすることから本活動が開始される。そしてそれは，自分の好きな場所であり，人であり，ものである。例えば，公園や商店街であったり，保育園の先生や近所のお店のおじさん，公園の遊具や児童館の図書コーナーだったりする。また，場合によっては祭りや公園での催し物等の出来事であることも考えられる。そこで，子どもたちの思いや願いに配慮しつつ，適切にグループ化していくことが重要である。

　その際，前回の改訂から内容(1)「……安全を守っている人々」や(3)「……生活したり働いたりしている人々」や，内容(8)が新たに追加され，「人」とのかかわりをより一層重視していることに配慮しつつ進めていくことが大切であると考える。

　また，第2小単元や第3小単元「みんなでつかうもの町のひみつ」でも公共施設のさまざまな人とのかかわりが考えられるので，そのことを十分に考慮していく必要がある。

　そして，単元全体で何度もの探検をする。同じ場所・人・ものであっても探検を重ねるにつれて，児童一人一人の対象へのかかわりが変化することが考えられる。つまり，「気付きの質」の高まりである。

　それらを適切に捉えるためには，担任はその対象の全体像を十分に把握しておくことや，授業ごとの一人一人の変容を十分に捉え，見付け・比べ・例える等の学習ができるように配慮することが大切である。

(2) 調べ方は—五感を生かして

　低学年児童にとっては，その発達段階からみて，論理的な調べ方は無理である。毎日会うから，楽しいから，面白いから，変な形だから，不思議な音だから，美味しい物だから等々の感覚，つまり，「五感」である視覚・聴覚・触覚・嗅覚・味覚からスタートすることが多い。そこで，それらを十分に生かすような調べ方の工夫が求められてくる。探検に行く際，あらかじめ相手方に情報を伝えておくが，質問紙や鉛筆とノートだけでは「五感」を生かした調べ方に困難も生ずるであろう。

　そこで，適切な教育機器の活用も考えられる。例えば，デジタルカメラやテ

レビカメラで様子の撮影やICレコーダーでインタビューの録音等をして，教室に戻ってまとめることなども考えられる。大切なことは，「五感」を生かす活動を教師の側がどれだけ支援できるかということである。

(3) まとめ方・表現は―多様な方法で

調べ方との関連で，まとめ方や・表現の仕方もいろいろな手法が考えられる。生活科の目標(4)に「……言葉，絵，動作，劇化……」とあるように，児童の思いを十分に汲み取り，適切な助言で，多様な表現が可能になるよう求められる。例えば，新聞形式でも模造紙の「かべ新聞」やパソコンで打った「印刷新聞」，ペープサート，紙芝居，ゲーム形式，質問形式，映像（静止，動画）形式，録音による音声，実体験形式，等々多様である。

授業の進行状況（探検の仕方や内容・対象）に応じて，これらの中からどのような方法がふさわしいかを十分に捉えておくことが適切な助言につながるのである。

また，発表についても，学級内での他グループへ，そして他学級から他学年へ，保護者・地域へと段階を踏んで広げていくことも考えられる。本単元の第3小単元では，そのことを同日であるが，1時間目に1年生と同学年に，2時間目に保護者・地域の方として計画した。その際に，聞き手からさまざまなよい点や改善点を聞き，発表を修正していくことにより，よりよいものになっていくのである。

(4) 活動の持続―繰り返しとアクセントを

第1・2・3小単元とも，授業の基本的な展開は，自分の興味から出発して探検・調べ・まとめ，そして発表するという一連の流れになっている。学習のパターンを同様にすることにより，学習方法を身に付けること，つまり，学習方法を学ぶことになるのである。また，低学年では長時間の計画は学習の持続が難しいので，ある程度の時間で完結させ，視点を変えて繰り返すようにすることが望ましい。

本単元の第3小単元は14時間になっているが，例えば，対象地域を二分して6時間ずつとし，最後に新聞作りをする計画にすることも可能である。

(5) 人とコミュニケーション

公共心や社会性は，人とのかかわりを通して育まれる。そこで，探検活動においてはできる限り，その場所の人との交流がなされるように計画することが求められる。そして，人との直接的なかかわり合いを通して，自分自身やものを考えていくことができるようにすることである。

そこで，必要になるのが自分の意思を正しく相手に伝えるという力，コミュニケーション能力である。前回の改訂から，内容(8)「自分たちの生活や地域の出来事

を身近な人々と伝え合う活動を通して，（中略）身近な人々と関わることのよさや楽しさが分かるとともに，進んで触れ合い交流しようとする」が，新たに加えられた。探検活動として地域に出かけた時，また，それらのまとめの発表の時等，あらゆる機会により多くの人との交流が図られるようにし，直接体験を通してその能力を高めるようにすることが大切である。本単元では第1・2・3小単元において探検とともに，さまざまな人に発表する機会を設定することができる。特に第3小単元では，「みんなでつかうもの町のひみつ」ということで，公共施設の関係者にあらかじめ連絡をとり，発表会に出席していただくことも，子どもたちの意欲の喚起や公共施設の利用についての定着を促すものと考える。

第3節　授業づくり「学校探検」

1.「学校と生活」の授業づくり

生活科の「(1)学校と生活」における内容は，学習指導要領では，次のように示されている。

> 　学校生活に関わる活動を通して，学校の施設の様子や学校生活を支えている人々や友達，通学路の様子やその安全を守っている人々などについて考えることができ，学校での生活は様々な人や施設と関わっていることが分かり，楽しく安心して遊びや生活をしたり，安全な登下校をしたりしようとする。

　児童は学校で先生や友達と一緒に遊び，学び，共に生活する楽しさを味わう。また，学校のことが分かり，集団の中での自分の行動の仕方を学んでいく。この内容(1)では，児童が学校の施設を利用して，先生や友達，学校生活を支えている人々とのかかわりを深める。

　また，学校生活を豊かに広げ，楽しく安心して遊びや生活ができるようにすることを目指している。それらとともに，通学路の様子やその安全を守っている人々に関心をもち，安全な登下校ができるようにすることを目指している。

　「学校の施設や人々のことが分かる」ということは，実際に施設を利用し，そこにいる人とかかわり，施設の位置や特徴，役割，人の存在や働きなどに気付くこと。また，自分とのかかわりの中でその意味を見出すことができるということである。例えば，校庭に出て砂場や遊具で遊んだり，図書室で本を読んだりして，その施設を利用する楽しさを感じたり，その使い方が分かったりすることである。また，図書室の本を整理する司書教諭の姿を見て，「皆のためにお仕事をしている」と，その仕事の意味が分かる。音楽室で笛を演奏する上級生の姿を見て，音楽室はどんな場所かを知るとともに，「わたしもやってみたい，できるようになりたい」と，自分の思いや願いをもったりすることである。

　それとともに，「楽しく安心して遊びや生活ができるようにする」ことが大切である。それは，学校生活における児童の生活基盤をなすものであり，児童にとっての居場所をつくることである。先生や友達，学校のいろいろな人々との好ましい人間関係や信頼関係に支えられて，児童はのびのびと安心して生活できるようになる。そのためにも，児童がめあてを新たにしながら，学校の施設や人々と繰り返しかかわることができるようにすることが大切である。

　なお，学校の施設や人々とかかわる活動を行う際，学校の公共性に目を向けるように配慮する必要がある。学校施設はみんなのものであること，学校にはみんなで気持ちよく生活するための決まりやマナーがあることに気付いたり，学校生活のリズムを身に付けたりすることなどが大切である。

　学習の対象・活動等や思考・認識等及び能力・態度等を整理すると以下のよ

うになる。

○学習の対象・活動等——校内・公園の各種施設を利用し，そこにいる人，また，動植物とかかわりをもつ。

○思考・認識等——自分を支えてくれる，多くの人々がいることに気付くとともに，動植物の扱いを考えてできる。

○能力・態度等——みんなで使うものであることやルールやマナー，安全な生活を身に付ける。

2. 第1学年の「学校と生活」授業づくりの例

第1学年　生活科学習指導案

1. 単元名「みんな　ともだち」……19時間
2. 単元の目標
   (1) 新たな友達・上級生や学校で働く多くの人とのかかわりを通して，自分の身近な人に親しみをもって生活する。
   (2) 自分の学校のさまざまな施設や校庭，動植物に関心をもち，楽しくかかわることができる。
   (3) 安全に気を付けて，公園で楽しく遊ぶ，登下校することができる。
3. 単元の評価規準

知識・技能	思考・判断・表現	主体的に学習に取り組む態度
・学校の中にいる友達・先生・働く人たちや上級生の様子についての知識を身に付けている。 ・校舎内外・公園の施設や通学路の様子が分かり，安全な利用の技能を身に付けている。	・みんなで楽しく生活するためのルールや植物の扱い方を考えている。 ・適切に判断しながら，自分の思いや表現・気付きを表現し相手に伝えている。	・友達・先生・働く人たち，学校の施設，動植物に主体的に関わろうとしている。 ・学校や公園の施設に関心を持ち，進んで利用しようとしている。 ・通学路に関心を持ち，安全に登下校しようとしている。

4. 地域・学校環境と単元

　本学区は厚木市の西部に当たり，周囲を緑に囲まれた人工的に作られた住宅地域である。そのため，小学校近辺の学区の中心に各種施設や商店がある以外

は，整然とした高層や戸建て住宅となっている。

　通学路の大部分は，植栽により車道と歩道が区分されているために，安全面では大きな問題は起きていない。しかし，自宅周辺の住居の間の生活道路では見通しのきかないことによる問題も生ずる。

　学校は，上段にある4階建て2棟の校舎・校庭と飼育小屋，下段にある体育館と広い運動場や学校の畑からなっている。安全への配慮として，PTA組織のボランティア委員会の呼びかけに応じた保護者・地域の方々が「安全パトロール隊」として校舎・校庭を常時巡回し，安全確保に努めている。

　十数年前は，1000人を超える児童数であったが，その後の児童数の減少により，現在は半数以下になっている。そのために，余裕教室や各種の特別教室が多数あることや，地域連携で使用する教室等もある。

　さまざまな教室名は入学したばかりの児童にとっては，入学の喜びとともに，さまざまな興味・関心の的になる。そこで，湧き上がった興味・関心をいかに活動につなげ，主体的に取り組めるようにしていくかが重要になってくる。

　そこで，最初は学級の中からの活動を開始し，教室名を手がかりにして徐々に学校全体に活動を広げ，さまざまなものへの気付きにつながるようにした。また，入学式にプレゼントされた種を蒔くなどの栽培活動や，みんなで遊ぶ公園や通学路の安全に活動を広げていくようにしている。

5. 単元の構成と指導計画（4～6月）

　年間計画102時間のうち1学期28時間，2学期40時間，3学期34時間を配当した。そのうち，1学期の28時間のうち19時間を本単元に充てて計画したものである。

①第1小単元「わたしの　ともだち」では，いろいろなゲームや歌，得意なことの紹介から，友達をつくり学級の仲間意識を育てるとともに，上級生との交流を図り，活動のきっかけをつくる。

②第2小単元「わたしの　がっこう」では，さまざまな教室や交流した上級生の教室を尋ね，部屋の役割やそこにいる人とかかわる活動をする。

③第3小単元「おおきくなってね」では，入学式にプレゼントされた種や，自分で育てたい種を蒔き，育てる活動をする。

④第4小単元「みんなの　こうえん」では，登下校の際，通学路とともに，途中にあるいくつかの公園の特徴を生かして楽しく遊ぶ活動をする。

〈小単元の構成と配当時間数〉
- 第1小単元「わたしの　ともだち」(学指：内容1) ………………… 4時間
- 第2小単元「わたしの　がっこう」(学指：内容1) ………………… 6時間
- 第3小単元「おおきくなってね」(学指：内容7) ………………… 5時間
- 第4小単元「みんなの　こうえん」(学指：内容3・4) ……………… 4時間

〈第2小単元「わたしの　がっこう」指導計画……6時間〉

児童の主な活動	○ 教師の支援　◇ 評価
第一次「なにがある？」……1H ・今までに行った場所を発表する。 ・どこへ行きたいか話し合う。 ・探検案内の2年生を知る。 ・約束を話し合う。	○自分の表現で自由に発表させる。 ○あらかじめ2年生と1対1で組む。 ◇探検に興味をもったか。 ◇約束に気付いたか。
第二次「みつけた　ひと　もの」……2H ・約束を確かめる 　学校内を探検する ・見付けたこと・嬉しかったことをカードに書き発見マップに貼る。	○模造紙に絵地図「発見マップ」を作成する。 ○2年生と1対1で回る。 ◇興味をもって探検し、表現できているか。 ◇約束を守っているか。
第三次「そとへいって」……2H ・楽しかった経験を発表する。 　校舎外を探検する ・見付けたこと・伝えたいことをカードに書いて発見マップに貼る。	○2時間〜休憩〜3時間目に設定し、上級生とのかかわりを入れる。 ◇上級生とかかわっているか、思いが表現され、人の存在に気付いているか。
第四次「そとのともだち」……1H ・何がいたかな？　・誰が世話していたかな？　・自分がしたいことは？ ・触れ合い、してきたことを発表する。	○今までの経験を思い起こさせて、触れ合い活動をさせる。 ◇小動物に進んでかかわる、世話する人に気付く。

6. 本時の指導

(1) 本時のねらい

①学校内を回り、自分の興味やそこにいる人々に進んで触れ合う。

②学校の施設・様子やいろいろな人の存在に気付く。

(2) 本時の展開 (2・3 / 6時)

流れ	児童の主な活動	○ 教師の支援　◇ 評価
導入	1．探検の約束を確かめる　（10分） ・「あいさつ」をしよう ・「マナー」をまもり ・「あんぜん」に ・持ち物を確かめる （約束・探検場所名・カード・ 色鉛筆・校内絵地図） ・教室に戻る時刻を確かめる	○前時に決めた約束を掲示し，意識化を図る。 ○「探検かばん」に入れる所持品の確認を する。2年生とペアで探検させる。 ○あらかじめ，学校探検について全校で共 通理解し，適切な対応が取れるようにし ておく。 ○2年生に確認する。 ◇興味をもって探検し，観察・発見できたか。
展開	2．2年生の案内で探検　　（35分） 学校探検をしよう ・自分の興味で決めた場所に探検に行き， 観察・インタビュー・体験・気付き・記 録をし，人とかかわり合いをもつ。 図工室・保健室・体育館・お話の森教室・ ピロティー教室・ギャラリー・交流教室・ 家庭科室・職員室・校長室・用務員室・特 別支援教室・理科室・PCルーム・図書室・ 調べ教室・児童会室・音楽室・少人数教室・ 教具準備室・国際交流コーナー　他	◇多くの人と触れ合うことができたか。 ○観察場所での記録を分かりやすくして， 伝えられるようにさせる（絵で表現）。
終末	3．教室でまとめる・発表し発見マップに 貼る（45分） ・それぞれに合った表現方法の絵や文で伝 える。 ・探検したことを家で父母に話してみよう。	◇分かりやすく表現し，伝えていたか。 ◇学校にはいろんな人がいることに気付い たか。 ○今日のことを父母に話すよう促す（父母 意見欄へ）

3. 本単元の指導法と留意事項

　前回の改訂から内容の取扱いの改善が以下のように示された。

①気付きの明確化と気付きの質を高める学習活動の充実
②伝え合い交流する活動の充実
③自然の不思議さや面白さを実感する指導の充実
④安全教育や生命に関する教育の充実
⑤幼児教育及び他教科との接続

これらを念頭に置きながら，本単元の計画や実施に当たって，指導法や留意したい事項を4点に絞って考えてみた。

（1）不安を感じさせないように

幼稚園・保育所から入学してからすぐの活動である。小さな目から見ると，広い校庭や大きな校舎とたくさんの施設，そしてたくさんの上級生や知らない教職員，時間とともに動く生活等，今まで経験したことのない生活で不安がいっぱいである。このようなことから，いわゆる「小1プロブレム」といわれるようなギャップを子どもたちが感じ，さまざまな現象が起こる一因となっている。そのため，前回の改訂でも(2)改善の具体的事項(オ)で，それへの改善が示されている。

そこで，今までの延長である「遊び・仲間」を中心として展開することを心がけるようにした。慣れない中での緊張感をできる限り取り払い，「学校は楽しい，いろいろな人がいるところである」ことを体験を通して，児童一人一人が実感できるようにすることが大切であると考えた。特に，第1・第2小単元では，それらのことを十分に考慮して計画を立案した。また，担任の温かい言葉かけと見守りや，学校全教職員集団の見守りと対処が重要であると考えた。

それとともに，学級編成時の配慮やクラスの仲間を知る機会を生活科以外でも設けて，学校生活全体で早く仲間ができるように留意することが必要である。

（2）他学年とのかかわりから

本計画では，6年生の招待による交流（6年生「学級活動」として）を取り入れた。自分達の教室に掃除に来てくれる6年生であり，少しずつ顔見知りになってきている。そこへの招待であり，上級生への感謝と信頼が生まれ，さらに人間関係が深まることが期待できるのである。

6年生にとっては，最高学年としての意識や掃除だけでなく，多方面にわたり「面倒見てあげよう」という優しさが生まれてくることが期待できるのである。

また，本時展開では最も近い2年生が学校探検の案内役として共に行動することを考えた。2年生にとって，1年前の自分の姿を思い起こし，成長した自分を感じることや教えてあげることの喜びを感じ，より一層1年生にさまざまなことを教えてあげようとするきっかけになる。

さらに，1年生に対して，特別活動における児童会活動の「1年生を迎える会」

などとの関連から，上級生が自分達を喜んで受け入れてくれていることを実感できるような計画を盛り込むことや，担任からの適切な指導によって，より一層のかかわり合いが生まれてくる。

　このような，異年齢の交流を他教科・領域から意図的・計画的に展開することにより，相互に理解が深まり，よりよい人間関係が築かれ，社会性が身に付いていくのである。

（3）情報の双方向性を

　生活科では，児童が地域に出て学ぶ計画が多く盛り込まれる。その際，学校の教職員だけでは学習の充実や安全確保の面からも十分とはいえない。保護者や地域の協力があって，豊かで安全な学習が確保できるのである。そのためには，保護者に対しては第一に，「学年・学級便り」等で日常的に学校での様子や学習内容，学校のルール，日常の準備品などの情報を伝える。第二に，「学習便り」等で，日常の学習や学習にかかわる地域の人材の紹介を依頼したり，学校外に出る場合は，学習のねらい・場所・時間・持ち物などと合わせて，学習への協力・参加の依頼を呼びかけていくことも必要である。

　地域に対しては，「学校便り」を各機関や自治会へ配布したり，学校ホームページ等で学校の教育活動全般や各学年の学習や必要なボランティア募集を掲載して，協力を仰ぐことが考えられる。本校では，PTA組織に「ボランティア委員会」があり，そこに，情報を伝達しておくことで一切の条件整備が完了するシステムになっている。そして，何より大切なことは，保護者や地域の意見・情報を学校側が受信することである。そのためにも，学校からの情報発信の仕方に工夫が必要である。

　本単元では，第2小単元2・3／6時，本時の展開で，探検したことを家で父母に話してみようとし，帰宅後に児童に促す計画をした。その調べ「カード」の中に「父母意見欄」が設けてある。また，計画によっては，教室に戻ってまとめてから，その場で父母に発表し，「父母意見欄」を活用することも考えられる。

　第4小単元では公園へ行く活動が展開される。保護者や地域の人の協力を得ることが想定されるため，あらかじめの情報発信が必要になってくる。

（4）学校の組織体制の確立を

　1年生にとっては，入学後間もない未知の世界での学校探検である。このこ

とを学校全体で十分認識しておくことが必要である。その前提に立って，次のような事柄に配慮して授業を計画し展開していくことが肝心である。以下に列挙してみる。

①時期は？―期間と時間帯を明確にする
②場所は？―全体として教室や部屋のどこを対象にするか
③児童は？―興味・関心とマナーや約束の基本的な押さえ
④内容は？―探検させるものや人との触れ合い方法
⑤班編成は？―全体一覧表・班児童名と探検箇所
⑥安全は？―教師の指導と安全確保の方法

　これらのことを，学校の全教職員が共通理解しておくことが重要である。そのためには，事前に職員会議や日々の打ち合わせで伝達・確認して実施していくことで，さらなる効果を上げることができる。

　また，常に全校舎を対象とするのでなく，棟やフロアー等の区分をして実施することも有効な方法である。

　さらに，ここで大切なのは，上級生とのかかわりである。「人とのかかわり」を考えたとき，上記(2)でも触れているが，当然上級生も学校全体の一員である。探検中に授業を見てもらうことや，1年生との交流も考えられる。上級生にとっても，あらかじめの準備や心構えが必要である。常に情報を伝達すること，朝・昼の放送や打ち合わせから担任を通して上級生に，という全校体制が成功への鍵となる。

課　題

1. 2年生「学区探検事例」第1小単元10時間の指導計画と本時展開を作成しよう。
2. 1年生「学校探検事例」第1小単元4時間の指導計画と本時展開を作成しよう。
3. 生活科の授業「社会と自分」の授業の意義は何か，3点について考えよう。
4. 生活科の授業「学校と生活」の授業の意義は何か，3点について考えよう。

参考文献

日本教材システム編集部『小学校学習指導要領　新旧比較対照表』2008年
文部科学省「小学校学習指導要領（平成29年告示）」2017年
文部科学省「小学校学習指導要領（平成29年告示）解説　生活編」2017年

資料提供
厚木市立厚木小学校，厚木市立森の里小学校

第 **9** 章

生活科における公共心・社会認識の基礎

　この章では，生活科の学習内容を構成する3つの基本的な視点のうち，「自分と身近な人々や社会とのかかわり」に焦点を当てて構成されている。公共心や社会認識の定義や育てる意義，また，今次改訂までの背景や課題，公共心や社会認識を育てるための具体的実践例を指導計画や展開で示した。最後に，生活科の内容に示されている(1)(2)(3)(4)それぞれの公共心にかかわる指導について，自分の周囲の何をどう捉えさせるか，またその方法，そして児童一人一人の思考を高めるための方策等を「論」及び「具体例」を示しつつ展開してあるので学習してほしい。

キーワード　公共心　社会認識　公共物

第1節　「公共心・社会認識」について

1.「公共心」とは

　最初に，本章の学習を進めるうえで，似たような言葉がいくつかあることから，ここではそれぞれの言葉の意味について考えておきたい。

　第一に「公共」とは，「社会全体に関すること」(大辞林)，「社会一般・おおやけ」(広辞苑)と定義されている。また，『公共哲学とは何か』(山脇真司)によると，英語のパブリック（Public）では，「一般の人々にかかわる，公開の，政府や国の」という意味になるという。

　いずれにしても，これらに定義されているものに共通するのは「社会とのかかわり」ということがいえるであろう。

第二に「公共性」とは，「広く社会一般に利害・影響を持つ性質。特定の集団に限られることなく，社会全体に開かれていること」（大辞林），「広く社会一般に利害や正義を有する性質」（広辞苑），「広く社会一般の利害にかかわる性質。また，その度合い」（大辞泉）と定義されている。つまり，「社会とのかかわりで生ずる価値」ということがいえるであろう。

第三に「公共心」とは，「公共のために尽くそうとする精神」（大辞林），「公共の利益を図る心・公共に尽くす精神」（広辞苑）と定義されている。つまり，これらのことから「公共心」とは，「皆のために，と思う心の働き」と捉えておくことができるであろう。

2.「社会認識」とは

「社会」とは，「共通の空間に継続して集まり生活している人々のまとまり」（大辞林），「人間が集まって共同生活を営む際に，人々の関係の総体が一つの輪郭をもって現れる場合の，その人々の集団」（広辞苑）と定義されている。

また，「認識」とは，「物事を見分け，本質を理解し，正しく判断すること」（大辞林），「物事を見極め，その意味を理解すること」（広辞苑）と定義されている。これらのことから，「社会認識」を簡潔にいえば，「一定地域内における人々の生活や事象の理解・判断」と捉えておくことができるであろう。

3.「社会認識の基礎」とは

1・2年生で育てたい「社会認識の基礎」とは何を指しているのであろうか。「社会認識」とは，前述したように「一定地域内における人々の生活や事象の理解・判断」ということである。そこで，以下「一定地域内」とは，「生活や事象」とは，「理解・判断」とは，の3視点について述べる。

（1）「一定地域内」とは

第一の視点は，児童が認識する場としての範囲である空間認識としての「一定地域内」を捉えてみる。児童の生活の場は自分の家，隣近所と通学路を中心とした学校周辺の学区，そして学校が中心となる。そこで，生活科の場の扱いを指導内容からみてみよう。

その1。自分の家については，生活科の内容に「(2)家庭における家族のことや自分でできることなどについて考えることができ，家庭での生活は互いに

支え合っていることが分かり，自分の役割を積極的に果たしたり規則正しく健康に気を付けて生活したりしようとする」と示されている。これは，社会の最小単位である家庭で自分と家族でのかかわりを認識することであり，家族の一員として家族のために自分でできることを考え，進んで取り組む態度を育成することである。

その2。隣近所や通学路を中心とした学校周辺の学区については，生活科の内容に，「(1)……通学路の様子やその安全を守っている人々などについて考えることができ（中略）安全な登下校をしたりしようとする」，及び「(3)自分たちの生活は様々な人や場所と関わっていることが分かり，それらに親しみや愛着をもち，適切に接したり安全に生活したりしようとする」と示されている。このことは，身近な施設・設備や近所の多くの人々と自分とのかかわりを実感しつつ生活する態度を育成することである。

その3。学校については生活科の内容に，「(1)学校の施設の様子や学校生活を支えている人々や友達（中略），楽しく安心して遊びや生活をしたり，……」と示されている。このことは，学校にはさまざまな施設があり多くの人が働き，それらが自分とかかわっていること。また，共に生活する多くの人がいることから守らなければならないこと等を体得するのである。

つまり，以上の範囲が1・2年生で取り扱う社会認識の範囲であり，それらの指導を通して生活の場を認識していくのである。

(2)「生活や事象」とは

第二の視点は，児童が認識する対象としての「生活や事象」について捉えてみる。生活科の目標に「具体的な活動や体験を通して」と示されているように，児童が活動したり体験したりする身近な社会の生活や事象が認識する対象である。

生活科の内容では「(1)学校の施設，学校生活を支えている人々，友達，通学路，安全を守っている人」，「(2)家族，自分でできること」，「(3)地域の人々・場所」，「(4)公共物・公共施設を支えている人々」，「(8)地域との交流」等が挙げられるとしており，これらを通して社会認識を育成していくのである。

さらに，3つの学年目標では，具体的な活動や体験の楽しさを存分に味わうことが示されているとともに，それらの記述に，主な学習対象，思考や認識，能力や態度等が要素として示されているので十分考慮していかなければならない。

(3)「理解・判断」とは

　第三の視点は，児童の「理解・判断」について捉えてみる。低学年の発達特性として，具体的な活動や体験を通して思考する特徴がある。抽象的・観念的な理解や判断をすることは難しく，自分と対象とのかかわりの中で理解・判断し，社会認識を深めていくのである。であるから，社会とのかかわりの体験・経験をより多く学習活動に取り入れていくことが，一層社会認識を深めることになるのである。

　また，学習活動におけるこのような理解・判断から，児童の表現力を育成することについて考えてみたい。

　児童が生き生きと楽しく活動をする中で，児童一人一人がさまざまな気付きをする。しかし，それは体験・経験により認識の度合いが大きく違ってくる。そのために，その表現は多様である。このことは，指導計画作成上の配慮事項の(4)に解説文として「言葉，絵，動作，劇化などの多様な方法によって表現したくなる気持ちにつながる」とあるように，特定の方法によることなく，児童の特性や個性に応じてさまざまな方法で表現することが求められる。また，そのことにより，気付いたことをもとに考え，新たな気付きを生み出し，気付きの質を高めていくことになる。このような観点から，社会認識を高めていくためには，直接働きかける活動と表現する活動とを関連させて取り扱うことが肝要である。

第2節　公共心・社会性の育成にかかわる現状と課題

　最近の子どもは「ルールが守れない，自分勝手である，わがままである」と，いわれることが多い。しかし，それは子どもに限ったことではない。電車の中での飲食や化粧，携帯電話や席を譲らないことなど，大人社会が公共心や社会性を喪失している。そのことが子どもたちに反映しているのである。以下「公共心」にかかわる現状の課題を2つの調査から考察していく。

1.「児童の実態」から

　2003（平成15）年10月の中教審「初等中等教育における当面の教育課程及び指導の充実・改善方策について」の答申から考えてみよう。そこには，近年のさまざまな学力調査の結果，子どもたちに次のような課題があると指摘して

いる。

第1に「判断力や表現力が十分身に付いていない」
第2に「学習意欲が必ずしも高くない」
第3に「学習習慣が身に付いていない」
第4に「学びを支える自然体験・社会体験・生活体験が不足している」
第5に「人やものとかかわる力が低下している」

　これらのことが明らかになっているほか，その6に「勤労観・職業観」についても課題が指摘されている。

　そこでこれらを「公共心」という視点から捉えてみよう。「公共心」を，「皆のために，と思う心の働き」と捉えたときに，判断力・表現力が不十分であれば，自分とかかわる相手を正しく理解し適切に対応することができないし，自分の考えや思いを十分に伝えることができない。諸体験不足ということは，行動と思考が一体的である低学年にあっては，行動も思考も不十分になるということである。

　また，かかわる力の低下は，相手や周囲を考えず自分だけ，自分本位で自由にすることになる。児童が「公共心」を育む基盤の部分に課題があるということを指摘しているのである。

2. 「子どもを取り巻く社会」から

　2007（平成19）年1月の中教審「次代を担う自立した青少年の育成に向けて」の答申の中から，「公共心」の育成にかかわる部分の現状と課題について考えてみる。

（1）子どもと保護者のかかわり

　家庭での親子のかかわりを3点について国際的に比較してみる。
①「子どもと一緒に過ごす時間」について（1日の時間）

	父親	母親
日本	3.08	7.57
アメリカ	4.60	7.10
タイ	5.89	7.09

　3か国で母親のかかわりに大きな違いはないが，日本の母親が最も長い。しかし，日本の父親のかかわる時間が他の2か国に比べて短く，アメリカの7割弱，タイの5割強の時間でしかない。母親任せになっていることが特徴として捉えられる。

②「父母の子育て役割分担：しつけをする」（％）

	両方	主に父親	主に母親
日本	49.2	4.2	43.4
アメリカ	54.5	11.8	28.9
タイ	40.3	7.8	40.6

　しつけについては，主に母親が担う傾向にある。「日本の父親は子どもと一緒に過ごす時間が短く，子どものしつけについては，主に母親が担う傾向にある」（答申から）と述べられている。では，その「母親の子育て意識」はどのようなものであろうか。2000（平成12）年と2005（平成17）年の比較で見ると，③「子どもが将来うまく育っていくかどうか心配になること」（％），④「子どものことでどうしたらよいか分からなくなること」（％）で，「よくある・時々ある」は，以下のようであった。

	③について	④について
2000年	59.6	56.6
2005年	66.0	59.5

（ベネッセ教育研究開発センター）

　いずれも上昇している。「約6割の母親が育児に不安を感じ，家族が協力しないと感じる保護者の約2割には，相談相手がいない」（厚生労働省）と，指摘している。

⑤「父母から言われること」（％）

	あいさつをしなさいと言われない	友達と仲良くしなさいと言われない	嘘をつかないようにしなさいと言われない
日本	62	75	66
アメリカ	25	19	22

　「日本の青少年は，生活規律や社会のルールについて保護者から直接しつけ

られることが少ない」（答申から）と指摘されている。

⑥「学校で教えてほしいこと」（％）

項　　　　　目	父　　親	母　　親
社会のルールやマナー	62.7	48.9
他人を思いやる心	50.9	40.9
受験に必要な学力	30.1	43.0
自然保護や環境問題の知識	43.9	43.2

（NHK放送文化研究所）

　こうして，上記①〜⑥をみると，家庭でのかかわりが十分にされず，公共心を育てるためのしつけもあまりされず，かかわる母親も悩み続けて不安の中にある。「日本の保護者は子どもに生活規律・社会ルールを身に付けるようにしつけることや，ほめる・しかるなどの子どもとコミュニケーションをとることの度合いが低い」と答申では述べている。

　本来，家庭で行われるべきしつけやルール・マナーを学校に依存するという傾向が見て取れる。このような現状を十分に把握して，公共心や社会性の指導をしていくことが重要になってくる。

(2) 地域の大人のかかわり

　よく聞く会話に「昔は近所に，怖いおじさんやおばさんがいた，何かしているとすぐ怒られた，近頃は怒る人がいなくなった」というのがある。地域の大人が地域の子どもを注意する光景が見られなくなったことの象徴として，このような言葉が出てくるのであろう。現状はどのようになっているのか，「地域の教育力に関する実態調査」（日本総合研究所）から探ってみたい。

①「保護者自身の子ども時代と比較した〈地域の教育力〉」

　「地域の教育力が以前と比べて……」

　低下55.6％，　変わらない15.1％，　向上5.2％，

　分からない22.7％，　不明1.5％，

②「家の近くにいる大人とのかかわり」（％）

項　　　　目	よくされる	あまりされない
	時々される	まったくされない
悪いことをした時近所の人にしかられたり注意される	2.6	28.7
	15.3	49.8
近所の人に道であったときに声をかけられる	35.6	12.3
	38.9	9.9
良いことをしたときに近所の人に誉められる	10.3	24.2
	35.5	27.1
近所の人は分からないことやできないことを教えてくれる	9.0	22.2
	29.6	34.8

（原典は5項目調査であるがここでは不明は省略した）

　上記の2データの結果，5割以上の大人が，地域の教育力が低下したと感じていること。また，地域の大人からしかられたり，助けられたりしたという実感をもつ青少年が少なくなっている（答申から）と，指摘している。なお，「青少年の自然体験活動等に関する実態調査」（青少年総合センター）によると，大人から誉められたり，しかられたりした経験の多い小中学生には，生活習慣や道徳観・正義感が身に付いている者が多いと考察している。

　現状の地域教育力の低下や大人とのかかわりの減少が見られること。

　これからさらなる少子高齢化社会の中で，地域において公共心や社会性を身に付ける機会をどのように構築していくかが課題となってくるのではないか。その点からも，上記の実態調査は一つの視点を示しているものと思われる。また，各教科等の指導方法にも地域連携や学社融合の教育等の導入により改善していくことが望まれる。

③仲間との交流体験

　答申の中で，これまでに得られた知見として，「青少年が仲間とともに課題を達成していく体験を通して，積極性や主体性を発揮できるようになることが明らかになっている。また，仲間とのコミュニケーション体験，特に異年齢集団において年上の者が年下の者に頼られたり，年下の者が年上の者に助けられたり守られたりする体験を通じて，青少年が自己を相対化し客観的に見つめる力を養うとともに，自分の存在意義を実感し，集団活動への意欲をさらに高め

ることも明らかとなっている」(答申引用) と述べられている。つまり，人との多様な交流により人や社会への関心が高まることを示し，そのことが，社会性や公共心を養うことにつながっているのである。

　しかし，昨今の子どもの現状を見ると，社会性を養う交流が十分に行われているとはいえない。「自由時間の過ごし方」(「情報化社会と青少年」内閣府) によると，「テレビ・漫画・CD音楽鑑賞・テレビゲーム」などの一人遊びが大半を占めている。さらに，小学校5年生の1日のテレビ視聴時間3時間以上の割合を外国と比較してみると，日本41.6%，アメリカ24.1%，ドイツ12.8% (子どもの体験活動研究会調査) と，日本の視聴時間の長いことが分かる。それとともに，「学校から帰宅後の遊ぶ時間」(2004 (平成16) 年，川村学園女子大学調査) によると，小学校5年生で，「ほとんど遊ばない」と「1時間未満」で36.2%と4割近くになって，交流する時間がもてていないことが分かる。

　また，オリンピック記念青少年総合センター調査による「子ども会・スポーツ団体加入」についてみてみると，加入状況は1998 (平成10) 年で48%，17年で42%と7年間で6ポイントも減少していることが分かる。例えば，地域子ども会組織では活動が十分に行えず，組織の存続すら危ぶまれる状態に陥っている。このような状況では，青少年同士がかかわることがますます減り，社会性や公共心を養う機会が失われることとなってしまうのではないだろうか。

第3節　公共心・社会認識育成の実践例

　生活科には9項目の内容が示されているが，公共心・社会認識を育てる内容は主として (1)(2)(3)(4)(8) がそれに当たる。
　そこで，それらの内容を展開するに当たっては，以下のことに留意して展開することが肝要である。

> 自分と地域の人々，社会及び自然とのかかわりが具体的に把握できるような学習活動の充実を図ることとし，校外での活動を積極的に取り入れること。

　校外での活動を積極的に取り入れるとは，児童がその場所に行き，その環境に身を置き，事実や実物に触れる活動をすることである。そして，それらの活動や体験を通して公共心や社会性を身に付けていくのである。以下に実践例を

示し，捉えてみることにする。

1．学校内の活動例

1年「学校探検」……9時間

・単元のねらい：学校の多くの人や友達，諸施設やさまざまな場所にかかわり，学校生活を楽しく送る。

　この探検がこれからさまざまな探検活動の最初となる。少しずつ学校に慣れた1年生が，学校の多くの人々や友達，諸施設とかかわりを深めながら，「学校は楽しいところ・面白いところ」という気持ちを大切にしていくことが重要である。

　それとともに，安心して学校での集団生活をしていくためには，学校にさまざまな決まりや守るべきルールがあること，自分を支えてくれる人々の存在を気付かせていくことが大切である。

活動の流れ	児童の活動	教師の支援
(1)学校探検-1 (2時間)	1．全員で，どんな教室，どんな人が働いているか見てまわる。 2．見てきた場所・気付いたことの発表する。	○さまざまな教室やいろいろな仕事の人に気付かせる。 ○興味をもたせる。 ○気持ちや気付きを大切にして，ゆったり聞く。
(2)スタンプラリー (2時間)	3．班ごとに，マップをもとに入った教室でスタンプを押す。 4．自分たちの印象に残ったことを絵や文で表現する。	○探検マップで自由に探検し，マップにスタンプを押させる。 (作製ゴムスタンプ) ○安全な行動・生活ルール・マナーを守らせる
(3)学校探検-2 (3時間) 発表～探検	5．前時で印象に残ったこと，みんなが知っている場所を発表。 6．発表を聞いて，行きたい場所ごとの人で班編成して探検する。	○個々の思いを大切にして班編成をする。 ○迷惑をかけないことや聞くときのマナー・挨拶ができるようにさせる。
(4)「発見カード」 記入・発表 (2時間)	7．見付けたこと気付いたことを詳しく書く。 8．先生や友達に伝える。 9．家に人に伝え，感想をもらう。	○自分で発見したこと，表現したことを発表し，探検の楽しさと満足感を味わわせる。
〈日常の学校生活で生かしていく〉 ・係りや行事の際に目的の場所へ行くこと ・各室の出入りの際のマナーを身に付ける　等		

　この例では，授業中の探検で廊下歩行や諸教室の出入りの挨拶，働く人々への挨拶や声のかけ方，発表の仕方や聞き方等を適切に判断し，行動に移せる資質や能力，そして，日常の指導を通して実践力を育てていくことが求められている。

2. 学校外の活動例

(1) 1年「通学路の様子」

　内容(1)であれば，通学路の様子について，通学路を観察し，各種安全施設を調べ，何故そこにあるのかを自分たちの行動と合わせて考えさせたり，気付かせたりすることが必要である。また，安全を守ってくれる人々を観察・取材やインタビューし，自分が安全に登下校できることを認識するようにさせることが重要である。それらのことにより，安全施設の意義や人々と自分とのかかわり方，つまり社会性を身に付けていくのである。特に，前回の改訂で「安全を守ってくれる人々」に関心をもつことが追加された。登下校中に見守ってくれるボランティアの人々や「かけこみポイント」等について気付き，自分で自分の身を守るという態度を育成することが求められる。

(2) 1年「たのしいな！！　こうえん」（公共施設の利用）

　内容(4)であれば，近所の公園や公共施設を利用しつつ，そこの指導者や管理者，また他の多くの利用者とかかわることになる。公園はさまざまな人が利用していることで，みんなで使うものであることを認識し，公園を正しく使わなければ他の人に迷惑をかけることを感じ取り，公共心を育むことになる。

　　1.　単元指導計画　　　　　　　　……16時間
　　　①公園に行ってみよう　　　　　……4時間
　　　　・公園利用の経験（1H）　・公園に行く（3H）
　　　②公園を探検しよう　　　　　　……9時間
　　　　・探検準備（1H）　・公園探検（2H）　・探検報告と次の計画（1H）
　　　　・第2回公園探検（2H）　・探検報告と次の計画（1H）本時
　　　　・第3回公園探検（2H）
　　　③公園のいいところを知らせよう……3時間
　　　　・発表の準備（2H）　・発表会（1H）

2. 本時の展開（11／16H）

・ねらい：「探検で見付けたことや楽しかったことを紹介し合う中で，公園の施設や自然，利用する人々に関心をもちながら，次回の計画を立てさせるようにする」

活動の流れ	児童の活動	教師の支援
(1) 探検の発表 体験したこと 見たこと 気付いたこと 安全のこと　等	1. 探検したこと，仲良しになった人を紹介。 ・木がたくさんあって涼しかった。 ・枝を切っている人がいた。 ・グランドゴルフをしている人がいた。 ・ベンチに赤ちゃんとお母さんがいた。 ・遊具のねじが取れていたよ。 ・ベンチの釘が出ていたよ。 　　　等	○いろいろな公園からさまざまな人を紹介する。 ○分かりやすく紹介している部分を認め，最終発表に生かすように導く。 ○分かりやすい言葉，みんなの方を見て話すことに気を付けさせる。 ○いろんな人が利用していることに気付かせる。 ○場所と人との関連が捉えられるようにし，計画に生かすようにする。 ○安全への配慮をする。
(2) 探検の計画 興味・関心別で 公園別で （探検メモに）	2. 一番探検したい場所や仲良しになりたい人，したいことを決めて班づくり。 ①S公園で…… ・赤ちゃんと遊びたい。 ・笹舟したい。 ・木や草で遊びたい。 ②H公園で…… ・いろいろな遊具で遊びたい。 ・グランドゴルフを教えてもらいたい。 ・お年寄りと遊びたい。 （③④省略）	行く公園としたいことから…… ○仲良しになるための方法や遊び方を考えさせるとともに，児童の発想を生かすようにする。 ○安全や他者への配慮がなされた計画になるようにする。 ○公園のよいところや気に入っているところが自分で分かるようにする。 ○守るルールに気付くようにする。
(3) 計画紹介	3. 自分たちの計画を発表する。 ・どの公園，どんなことをするか。	○各班で「探検メモ」に記入させておき，紹介する。 ○期待感をもたせる助言を与える。

この活動を通して，児童にとって最も身近な公共施設である公園を利用しつ

つ，ルールを守って遊ぶことや，正しく安全に利用したりすることを学ぶ。また，公園に来るさまざまな人との出会い，触れ合いから，地域の人とのかかわり合いが深まってくるとともに，公園が自分たちだけのものでないことに気付いてくる。何度も公園を利用することによって，公園を管理する人がいて，自分たちが安全に遊べることが分かる。このように，自分たちだけの世界から，身近な地域，社会に少しずつ関心が向けられていき，社会の一員としての自覚が芽生えてくる。

　前回の改訂から，「安全教育」について一層重視することが求められている。本時展開の中でも児童が「遊具のねじが……」，「ベンチの釘が……」と，気付いたことを発表しているが，自らの安全を自らが守っていくという，安全に対して児童自らが能動的に働きかけるようにしていくことが大切である。

　また，本単元では3回にわたる公園探検を実施しているが，繰り返し活動を設定することにより，最初は気付かなかったことが，探検することを焦点化することで2度目・3度目で気付くことがある。例えば，当初は，公園にただ多くの人がいるということから，2度目にはどのような人がどのような理由で利用しているのかが分かってくる。3度目には，そのためには，公園を利用するときに自分たちがどうしなければいけないかに気付き，行動するようになってくる。繰り返しの活動を展開することで，気付きの深まりや適切な行動が身に付いてくるのである。

（3）2年「なかよくなろう　自分の町」（地域の人との交流）

　内容（8）であれば，自分たちが調べた地域の社会や自然のことを発表する際に，異学年や保護者や地域・関係者の人に案内状を出して招待し，発表する。そのことによって交流が深まり，地域の人々が自分たちを賞賛し，認め，見守っていることを感じ取ることができ，地域への愛着や社会の一員であることの自覚をより一層強くもつようになってくる。

　1.　単元指導計画……15時間
　　①おしえあおう　夏の町　　　　　　　　　　　　　　……3時間
　　　・夏の思い出発表　・夏の町の様子発表
　　②たんけんしよう　秋の町　　　　　　　　　　　　　……6時間
　　　・春の町探検を想起し探検計画を立てる（4H）・町探検（2H）
　　③はっぴょうしよう　町のこと　　　　　　　　　　　……6時間

・発表の準備（案内状・探検グループごとの準備）……5時間
・発表会（本時）　　　　　　　　　　　　　　……1時間

2．本時の展開（15／15時間）

・ねらい：「町探検で見付けた，地域や自然のことを工夫して表現し，発表して認め合うことができるようにする」

活動の流れ	児童の活動	教師の支援
(1) 発表会セレモニー	1．整列し，1年生・保護者・地域の人にお礼の言葉，歌	○参加してくれた人に感謝の気持ちをもたせる。 ・元気に歌い発表の意欲を高める。
(2) 町探検の発表をする。 ・分かりやすく ・適切な方法で ・よいところを見付ける	2．町探検の発表をする。 ・公園グループ ・商店街グループ ・自然グループ ・コンビニグループ ・○○スーパー ・駅グループ	○多様な発表方法で ・デジタルカメラから電子黒板につないで ・絵本を電子黒板につないで ・「たんけん」しんぶんで ・ペープサートで ・クイズ形式で
(3) 感想発表し認め合う。 ・児童・保護者地域の方から	3．発表を聞く。 「よいとこカード」に記入し発表者に渡す。	・紙芝居で ・インタビュー方式で ○グループごとに実施 ・保護者や地域の方からも「カード」をもとに認めてもらうようにする。
(4) 前・後半交代		
(5) まとめ ・保護者から ・地域の人から	4．その場に着席し，話を聞く。	○よかったことを中心にして，具体的に述べていただく。

この発表会では，1年生を招待するとともに，自分たちの父母や探検時に地域の公園で出会った人，管理の市公園課職員，商店のおじさん，コンビニの店長さん，スーパーの店員さん，駅員さん等に参加していただく。児童の発表内容について，具体的によかった点を認めていただくことによって，児童はそれらにさらに親しみをもつようになる。

このような内容の展開により，自分の住む地域に少しずつ愛着を深めていき，社会の一員としての認識が高まってくるのである。

〈「よいとこカード」例〉

```
「よいとこカード」（○をつける）
（　　　　　　　　　　）さんへ
1. いっしょうけんめい，つたえていました
2. 町の「すてき」がよくわかりました
3. わたしも，行ってみたくなりました
　わたしは，（　　　　　　　　　）です
```

　本単元を「内容の組み合わせ」から考えてみる。生活科は児童の生活が学習の基盤になり，総合的に展開される。そのために，単元計画を立案するとき生活科の内容の(1)〜(9)が組み合わされ，複数の内容によって構成されることが多い。本単元では，社会認識の内容「(3)地域と生活」では，コンビニやスーパーや駅が，内容「(4)公共物と公共施設の利用」では公園が，自然認識の内容「(5)季節の変化と生活」では，秋の町の自然が対象となり，これらを関連付けて構成している。

　それは，児童が学校周辺の地域を探検するとき，地域にある図書館や公民館を利用したこと，公園で遊んだ経験や地域の自然を捉えることが容易に想定できること。また，そうした方が児童の意識の流れに沿っていると考えられる場合である。

　一方，地域に公共施設がない場合や上記の関連の単元から，公共施設が多くあり，さらに深めるために(4)だけの小単元を構成する場合には，内容(4)の単独で構想することも考えられる。

　いずれにしても，単元を計画・実践する場合には，生活科の学習内容の基本的な3視点「(1)自分と人や社会とのかかわり，(2)自分と自然とのかかわり，(3)自分自身」の内容構成を分析し，適切に反映させるようにしたい。また，児童の意識や学校や地域の特性を勘案し，児童の目線に寄り添った豊かな単元を構成することが大切である。

第4節　生活科の内容から見た公共心・社会認識の育成

1. 学校と生活（学校探検等から）

> (1) 学校生活に関わる活動を通して，学校の施設の様子や学校生活を支えている人々や友達，通学路の様子やその安全を守っている人々などについて考えることができ，学校での生活は様々な人や施設と関わっていることが分かり，楽しく安心して遊びや生活をしたり，安全な登下校をしたりしようとする。

　児童は学校で先生や友達と一緒に遊び，学び，共に生活する楽しさを味わう。また，学校のことが分かり，集団の中での自分の行動の仕方を学んでいく。この内容(1)では，児童が学校の施設を利用して，先生や友達，学校生活を支えている人々とのかかわりを深める。

　また，学校生活を豊かに広げ，楽しく安心して遊びや生活ができるようにすることを目指している。それらとともに，通学路の様子やその安全を守っている人々に関心をもち，安全な登下校ができるようにすることを目指している。

　「学校の施設の様子や学校生活を支えている人々」のことが分かるということは，実際に施設を利用し，そこにいる人とかかわり，施設の位置や特徴，役割，人の存在や働きなどに気付くこと，また，自分とのかかわりの中で，その意味を見出すことができるということである。

　「通学路の様子やその安全を守っている人々について考える」とは，児童の生活の場としての通学路に興味を示し，そこを歩いたり，調べたり，観察したりしようとすることである。そのことによって，児童は通学路の動植物をはじめとした自然，そこで出会う人々や暮らしの様子等に気付く。また，通学路における危険な個所，安全を守っている施設や人々に気付くことで，安全な登下校ができるようにすることを目指している。

　児童を取り巻く環境が変化する中，学校の中の生活だけでなく，登下校も含めて，楽しく安心で安全な生活ができるようにすることが課題となっている。このことを踏まえ，前回の改訂から，通学路の様子だけでなく，「その安全を守っている人々」に関心をもつことが加えられた。安全を守っている施設や人々には，例えば，子ども110番の家や登下校の安全を見守る地域ボランティアの人

などが想定できる。

　なお，安全については，自然災害，交通災害，人的災害の三つの災害に対する安全確保に配慮することが必要である。

2．家庭と生活（成長した自分等から）

> (2)　家庭生活に関わる活動を通して，家庭における家族のことや自分でできることなどについて考えることができ，家庭での生活は互いに支え合っていることが分かり，自分の役割を積極的に果たしたり，規則正しく健康に気を付けて生活したりしようとする。

　家庭は，児童にとって生活の基盤であり，自分の生活を支え育んでくれるところである。ここでは，日常の家庭生活を児童が振り返り，日常あまり意識することのない家族のことや自分の家庭生活について考え，自分の家庭での生活を見直すことを大切にしている。

　児童が家族とともにしていることや家族にしてもらっていることを振り返り，家族のことや家庭生活における自分のこと，自分でできることなどについて考え，自分の役割を進んで行うようになることを目指している。また，家庭における自分の生活を見直し，規則正しく健康に気を付けて生活しようとする積極的な生活態度を育てることを目指している。

　「家庭生活を支えている活動」については，家計を支える仕事，家事に関する仕事，家庭生活の中での役割，家族の団らん，家族で過ごす楽しみ，家族の願い，家族一人一人のことなどが考えられる。そこでそれらのことについて，改めて見つめ，尋ね，手伝うことにより，自分の生活を振り返るようにすることが大切である。それにより，児童は家族の大切さや自分が家族によって支えられていることなどに気付き，それぞれが果たしている仕事や役割の価値，家庭の温かさ，家族一人一人のよさなどが分かるようになる。

　「自分でできることなど」については，自分のことは自分でする，手伝いをする，家族が喜ぶことを見付ける，家庭生活が楽しくなることを工夫し活動することである。また，それらのことについて，感想を聞く機会や友達と伝え合い，交流したりすることで，さらなる充実感や自信をもつことができる。例えば，学校の帰りに近くに住む祖父母の家に寄り，学校の様子を知らせることで祖父母が喜ぶ顔を見せること。毎晩手にクリームを付ける様子から，皿洗いを自分から進んで手伝い，母親から感謝されたこと。それらにより，家族の役に立って

いるということを実感する児童は，自分に自信をもって生活できるようになる。

「規則正しく健康に気を付けて生活する」については，家庭生活の基盤であり，児童が健やかに成長するために家族が心を砕いてきた事柄である。食事や睡眠等，日々の家庭生活の中での配慮，病気やけがをしたときの心配や治癒したときの安堵，成長の節目に当たる家族の行事などについて，振り返ったり交流したりすることで，児童は家族がしてくれたことに気付き，家族の願いを実感する。このことが，規則正しく健康に気を付けて生活しようとする意欲や態度の育成につながる。

最近児童を取り巻く家庭生活や家庭環境に大きな変化が見られる。家族との会話や触れ合いの減少，生活習慣や生活リズムの乱れ等の問題が生じていることも指摘されている。また，通常家庭というと，父母がいて……という，いわゆる標準的に整ったといわれる姿を想定しがちであるが，いろいろな違った状況のある現実こそ，家庭であるということを認識しておくことが大切である。児童は現実の自分の家庭を見つめ，かけがえのない自分の家族の一員として，よりよい生活を築いていこうとする意欲を高めるわけで，そのことを通して前向きな生活が期待できるのである。また，児童によっては福祉施設などを家庭生活の場としているもの，里親制度の中で生活している児童もいる。いずれにしても，それらの児童にとっては，そこがかけがえのない家庭である。保育士さんや友達から，里親等との関係から，通常の家庭では見逃されてしまいそうな大切なことが多く見出される。

それぞれの家庭の状況に十分配慮し，各家庭のプライバシーを尊重すること，各家庭との連携を図って，理解と協力を得ることに努めることが，この内容の学習に当たって欠いてはならないことである。

3. 地域と生活（地域探検等から）

> (3) 地域に関わる活動を通して，地域の場所やそこで生活したり働いたりしている人々について考えることができ，自分たちの生活は様々な人や場所と関わっていることが分かり，それらに親しみや愛着をもち，適切に接したり安全に生活したりしようとする。

児童が身近な生活圏である地域に出て，そこで生活したり働いたりしている人々と接し，さまざまな場所を調べたり利用したりする。そのことを通して，それらが自分たちの生活を支えていることや楽しくしていることが分かり，地

域に親しみや愛着をもち，人々に適切に接することや安全に生活することができるようにすることを目指している。

ここで取り上げる，「地域で生活したり働いたりしている人々について考える」とは，自分の家や学校の周りの田や畑，商店やそこで働く人，友達の家やその家族，公園や公民館などの公共施設やそこを利用したり，そこで働いたりしている人，幼稚園・保育所やそこの幼児・先生，近隣の人，子ども会の人，目印にしている場所や物，遊べる川や林，自分や家の人がよく通る道などを挙げることができる。

なお，この内容は2点について前回の指導要領より改訂された。1点目は，従前では「地域の人々」としていたものを，「地域で生活したり働いたりしている人々」とされ，より明確に観点が示された。このことは，生活したり働いたりしている人々の姿を見たり，話を聞いたりなどして，周囲には幼児・高齢者・障害のある人々など多様な人たちがいることに気付かせることをねらったからである。そして，それらの人々に心を寄せることにより，「自分もがんばりたい」と，夢や希望をもち，児童が意欲をもって生活することを期待しているのである。

またそのことは，児童の思いや願いを生かした活動ができるとともに，何度もかかわることにより，地域がより身近なものになるようにすることが大切である。

2点目は，従前では「親しみをもち」としていたものを，「親しみや愛着をもち」とし，「愛着」という言葉が追加された。それは，児童が活動を通して，地域の人々や場所のよさに気付くとともに，それらを大切にする気持ちや地域に積極的にかかわろうとする気持ちを一層強くもつようにしようとの思いからである。例えば，「近所の公園に好きな虫がいるから，遊びに行こう」とか，「通学路の途中で野菜を作っているおばあちゃんのように，自分も水やりをしっかりやって野菜を大きくしよう」など，親しみや愛着とともに，あこがれまでももつようになることが期待できる。

「人々と適切に接すること」は，相手のよさを感じ取り，自分のよさを伝えることにもなり，より一層の深いかかわりを生む。そのために，地域の人々と挨拶をして，適切な言葉遣いでやり取りしたり，幼児に遊具を譲るなど，相手や場に応じて行動したりすることが必要になる。例えば，地域の店などを訪問したり利用したり，そこで働く人々にインタビューしたりするなどの活動が想

定される。その際に，挨拶したり，用件を伝えたり，都合を聞いたり，順番を
待つなどのマナーを守って行動することが求められる。また，公園で遊ぶ際に
も，小さな子に遊具を優先的に使わせてあげたり，見守ってあげたりすること
で，「しっかり言えたね，元気だね」とか「ありがとう，えらいね，やさしいね」
等と言われることにより，自分自身が嬉しくなる経験を積む。そのことにより，
自ら周囲の人と適切に接することの大切さを感じ，接し方を身に付けていくこ
とが望まれる。

　「安全に生活する」ことは，自分自身が安全に生活すると同時に，自分の住
む地域が安全で安心な場所であり，自分もその一員であるという認識がもてる
ようにすることでもある。例えば，ふだん遊んでいる公園の遊具の不具合を見
つけたら，来ている大人に知らせ，危険を未然に防ぐ，不審な行動やよくない
遊びなど，直ちに近所や家の人に話すなど，状況判断の行動が取れるようにす
ることが大切である。このことにより，地域全体が安心して生活できる場にな
ることが実感され，地域の人や場所に対する親しみや愛情が湧いてくる。

4. 公共物や公共施設の利用

> (4) 公共物や公共施設を利用する活動を通して，それらのよさを感じたり動きを捉えたりす
> ることができ，身の回りにはみんなで使うものがあることやそれを支えている人々がいる
> ことなどが分かるとともに，それらを大切にし，安全に気を付けて正しく利用しようとする。

　今次改訂で変更された1点目は新たに，「……それらのよさを感じたり……」
が付け加えられた。このことは，公共物や公共施設のよさを理解するというこ
とだけではなく，児童が実際に利用することで，物や施設，人とかかわり合い
ながら利用の仕方や働きを考えさせることに重きが置かれたからである。この
ことは，生活科の目標である「具体的な活動や体験を通して……」に沿うもの
である。

　公共物や公共施設を利用することは，自分の生活を広げ，豊かにするために
大切である。そのために，実際に積極的に利用して自分の生活に生かすことや，
そこでの人とのかかわりから，他者を考えた行動の体験が欠かせない。このよ
うにして培われた資質や能力や態度は，他者との共生が求められる社会でより
一層必要とされてくる。

　このような社会で，児童にとって最も身近な公共施設は学校である。そこでの生活から少しずつ公共の意識が育ってくる。この(4)の内容は，学校からさらに活動範囲を広げ，身の回りにはみんなで使うものがあること，それを支える人々がいることが分かり，それらを大切に，安全に正しく利用することを目指している。

　ここで取り上げる公共物とは，例えば，地域や公園にあるベンチ，遊具，水飲み場，トイレ，ゴミ箱，図書館や児童館の本，博物館の展示物，乗り物，道路標識や横断旗など，みんなが利用するものが考えられる。公共施設としては，公園，児童館，公民館，図書館，博物館，美術館，駅，バスセンターなど，みんなで使う施設が考えられる。これら以外にも，地域にある掲示板や掲示物，河川敷や広場やグランド，その他市営の各種施設など幅広く捉えていくことが大切である。

　2点目は，「身の回りにはみんなで使うもの」という従来から引き継がれた文言がある。このことは，身近な生活の中で自分の周囲にさまざまな公共物や公共施設があり，多くの人がそれを利用しているということに気付くことが大切であると明確に示されたのである。

　「それらを支えている人々」とは，例えば，そこで働いている職員はもとより，図書館の読み聞かせの人々，博物館の案内ボランティア，福祉センターの点字ボランティア，公園清掃ボランティア等さまざまな人がいるであろう。ここで大切なことは，それらの人々と直接かかわり，親しみをもてるようにしていくことが，施設等を大切に利用しようとする意識へと高めていくことになる。例えば，公園を何度も利用し，そこで公園管理の人や清掃ボランティアの人の仕事の大変さを理解したり，挨拶したり会話をすることにより，親しくなって，「公園を大切にしよう，きれいに使おう」という意識が高まってくる。このことは，みんなで使うものは，自分にとっても相手にとっても気持ちよく利用できるものであるという，公共の意識の高まりにつながってくるのである。

課　題

1. 社会認識の基礎とは何か，3点について具体例を挙げて述べよう。
2. 公共心・社会性を育成する際の現状と課題は何か，3点について捉えて述べよう。
3. 「学校と生活」，「家庭と生活」を通して，どのような公共心・社会認識が育てられるか，3点について具体例を示して述べよう。
4. 「地域と生活」，「公共物や公共施設の利用」を通して，どのような公共心・社会認識が育てられるか，3点について具体例を示して述べよう。

参考文献

木村吉彦著『生活科の新生を求めて』日本文教出版，2008年
群馬県島小学校「生活科学習指導案」
埼玉県さいたま市見沼小学校「生活科学習指導案」
埼玉県西浦和小学校「生活科学習指導案」
文部科学省「小学校学習指導要領（平成29年告示）」2017年
文部科学省「小学校学習指導要領（平成29年告示）解説　生活編」2017年

第 **10** 章

生活科の授業づくり
―自分と自分自身とのかかわり

　自分と自分自身とのかかわりについては，生活科のすべての内容を通して扱うことになるが，直接扱っているのは内容（9）「自分の成長」である。ここでは，自分の成長を振り返って心身ともに成長した自分を感じ，自分はさらに成長していけるであろうという期待と意欲を育てることを目指していると述べている。自分自身の成長を振り返ることができるような資料の収集が大切であるが，前もって保護者の協力を依頼しておくなど，意図的・計画的に授業の準備を進めておくことが大切である。本章では，自分の成長を中心に，授業づくりについて学習する。

　キーワード　振り返り　自分自身　成長

第1節　自分自身や自分の生活について考えること

1. 自分と自分自身の生活について考える

　自分と自分自身とのかかわりについて考えることに関して，「小学校学習指導要領解説生活編」（以下，解説生活編と記す）では，自分自身や自分の生活について考えることという教科目標の解説として，以下のように述べている。
　自分自身の生活や成長を振り返る活動を通して，自分のことや支えてくれた人々について考えることができ，自分が大きくなったこと，自分でできるようになったこと，役割が増えたことなどが分かるとともに，これまでの生活や成長を支えてくれた人々に感謝の気持ちをもち，これからの成長への願いをもっ

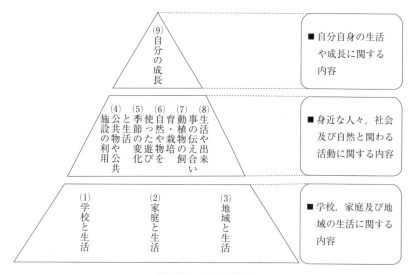

生活科の内容の階層性

て意欲的に生活できるようにすることを目指している。

　また，生活科はどの内容においても，児童が対象と自分のかかわりを深め，対象に気付くことで，そこに映し出される自分自身が生じる。

　このことは，生活科の内容(1)から(9)のどの内容の学習に当たっても，自分自身への気付きの場面があるということを意識して指導していかなければならないことを示している。

2. 直接自分自身のへの気付きを深める

　解説生活編では，直接自分自身への気付きを深める学習として内容(9)「自分の成長」がある。ここでは，自分の成長を振り返って心身ともに成長した自分を感じ，自分はさらに成長していけるであろうという期待と意欲を育てることを目指していると述べている。

　今までの生活科の学習の集大成として自分自身に対する気付きを扱う場面として，内容(9)を位置付けているのである。

　このことは，内容の階層性や内容の全体構成として，内容(9)が最上位に位置づけられていることを示している。そして，全体としてピラミッドの階層性が上記のように，図示されている。

本章では，以下，内容(9)を取り上げ，直接自分自身への気付きを深める学習について述べていく。

第2節 内容(9)の授業設計

1. 内容(9)とは

内容(9)は，以下の通りである。

> 自分自身の生活や成長を振り返る活動を通して，自分のことや支えてくれた人々について考えることができ，自分が大きくなったこと，自分でできるようになったこと，役割が増えたことなどが分かるとともに，これまでの生活や成長を支えてくれた人々に感謝の気持ちをもち，これからの成長への願いをもって，意欲的に生活しようとする。

この内容は，以下のような学習を展開することを求めている。

まず，自分自身の成長を振り返ることである。それは，多くの人々の支えによって，

- ・自分が大きくなったこと
- ・自分ができるようになってきたこと
- ・役割が増えたこと

が分かる。

また，これまでの生活や成長を支えてくれた人々に感謝の気持ちをもつこと。これからの成長への願いをもって意欲的に生活することができるようにすること。これまでの生活を振り返り，自分自身の成長に気付き，その成長を支えてくれた人々に感謝の気持ちをもち，これからの生活を意欲的にすることができるようにする。

このような一連の流れは，自立への基礎が養われた姿を現していることに他ならない。

2. 自立とは

解説生活編では，自立について次のように説明している。

①学習上の自立

・自分にとって興味・関心があり，価値があると感じられる学習活動を自ら進んで行うことができること。

・自分の思いや考えなどを適切な方法で表現できること。

②生活上の自立

・生活上必要な習慣や技能を身に付けて，身近な人々，社会及び自然と適切にかかわることができるようになること。

・自らよりよい生活を創り出していくことができること。

③精神的な自立

・自分のよさや可能性に気付き，意欲や自信をもつことによって，現在及び将来における自分自身の在り方を求めていくことができること。

　特に，「これからの成長への願いをもって，意欲的に生活しようとする」というところに着目すると，内容(9)は，精神的な自立とのかかわりが深いと考えられる。

3. 内容の分析

(1) 今までの学校生活を振り返る

　逆上がり，繰り下がりのある引き算，漢字が読めるなど，「初めて，○○ができるようになった」，上級生みたいに自分たちだけで清掃ができるようになった，6年生みたいに大縄飛びができるようになったなど，「○○みたいに，△△ができるようになった」ということを振り返る。

　子どもが自分の成長を具体的に実感した場面を記憶から呼び戻すことに意義がある。そして，その喜びを感じ，感謝の気持ちをもつことは，精神的な自立ともかかわって大切なことである。このような学習が実現するように授業設計をしていきたい。成長を振り返るということは，過去の自分自身や出来事を思い浮かべ，過去の自分と現在の自分とを比較することである。

(2) 振り返りを可能にする手立て

　低学年の児童にとって，自分の成長を頭の中だけで振り返ることは難しい。具体的な手がかりが必要である。それぞれの児童が自分自身を振り返る手がかりとして，例えば，父母や祖父母，親戚の人々，幼稚園や保育所の先生などの話，幼いころに使ったもの，入学当初に書いた自分の名前や絵，行事等のスナップ

写真，生活の中でのエピソード，などが考えられる。

　また，幼稚園のときのスナップ写真から自分の成長を実感することや，家族へのインタビューを手がかりに，役割が増えたことに気付くなどが考えられる。

　成長を振り返ることによって分かることとして，大きくなったこと，自分でできるようになったこと，役割が増えたことなどがある。

　例えば，

　①去年着ていた服が着られなくなったことから体が大きくなったことを実感する。

　②食べ物の好き嫌いが減り，給食で食べる量が増えたことに気付く。

　③使い古した縄跳びを手がかりに，沢山の技ができるようになったことを思い出す。

　④友達や兄姉が練習を手助けしてくれたことを思い浮かべる。

などである。それぞれの児童が自分の成長を多面的に振り返るとともに，自分の成長を支えてくれた人々とのかかわりを意識させていくのである。

　低学年の担任は，このような振り返りを可能にする教材を適切なときに提示し，活用できるように，意図的，計画的に見通しをもって資料を収集しておかなければならない。必要に応じて，保護者会，学級・学年便り等の場や機会を通して，保護者等から協力が得られるように働きかけることも必要である。

（3）一人一人の子どもの発達や環境の違い等に配慮する

　どの時点から自分の振り返りを実感するかは，児童によって異なる。よく覚えていることから振り返る児童もいれば，現在の自分から振り返る児童もいる。大切なのは，自分の成長を実感することであって，一律に過去から順にたどることではない。こうした観点に立って，学習指導要領では，振り返りの時点については，特に，入学してから，誕生してから，というような示し方をしていない。

　また，前述した自分の成長を振り返る手がかりが，学級の児童すべてに，同じように揃えられるわけではない。

　様々な家庭環境の違いから，子どもの過去を振り返ること自体に，疑問を投げかける保護者等が存在することさえある。個人情報の保護と密接にかかわることなので，学級の実態を適切に把握することに努め，必要に応じ，管理職の判断を仰ぐなどして，慎重な対応が求められる。

(4) 振り返りから内面の成長へ

　自分の成長を振り返る活動の中では，過去の自分と現在の自分が比較され，自分の生活や成長について，さまざまな人々とかかわりがあったことに気付いていく。そして，その気付きを表現したり，交流したりすることで，児童は気付きを一層自覚し，関連づけていく。このような活動を通して，自分の成長の背後には多くの人々の支えがあったことが分かり，自分の成長を支えてくれた人々に対する感謝の気持ちが芽生えてくることになる。

　また，優しい気持ち，他者への思いやり，我慢する心など，内面的な成長に気付くための手立てとしては，例えば，幼稚園や保育所の年長児と触れ合う活動を通して，間接的に自己の成長を実感すること，生活科における学習カードや作品などを利用し，長期にわたる自己の変容を捉えること，友達や周囲の人の意見や感想による相互の評価によって，自分の成長を見つめ直すことなどの工夫が考えられる。

第3節　内容(9)の指導計画の実際

　実際には，この内容を扱う指導計画は，第1学年末と第2学年末に振り分けられていることが多い。そこで，第1学年と第2学年の指導計画の例を以下に掲載する。

1．学習指導計画作成上の配慮事項

　この指導計画では，特に以下のことを配慮して作成している。

　(1)子どもや学校・地域の実態を考慮し，新学習指導要領の意図が十分に生かせるように，学校内，学校外の素材を学習の中心にして子どもの活動や体験を重視した。

　(2)自ら学ぶ力を育てる授業づくりを推進するために，

　○かかわるための学習活動　　　◇考えるための学習活動

　☆表現するための学習活動　　　※教師の支援

　を意図的に位置付けた。

　(3)「かかわる人・もの・こと」とかかわる対象を明確に記すことにより，単元のねらいに迫ることを目指した。

(4)新学習指導要領の「改訂のポイント」を明示しておくことにより，新学習指導要領改訂の趣旨を踏まえて指導することを意図した。

2. 学習指導計画の実際1

1. 単元名「もうすぐ2年生」(15時間扱い)
第1次　これまでのことを思い出そう　(4時間)
第2次　あたらしい1年生をむかえよう　(6時間)
第3次　2年生になったら　(5時間)
2. 単元のねらい
①1年間の生活を振り返る中で，身近な人々に支えられながら自分が成長できたことに気付き，2年生になることへの喜びと願いをもつことができるようにする。
②1年間の出来事を振り返り，新しい1年生に対し，学校生活を工夫して表現し，伝えることができるようにする。
3. 主な学習活動と教師の支援

| ○ かかわるための活動　　◇ 考えるための活動 |
| ☆ 表現するための活動　　※ 教師の支援 |

第1次　これまでのことを思い出そう。
　○入学してからこれまでの成長や思い出を振り返る。
　　・入学してからを振り返り，楽しかったこと，できるようになったことを話し合う。
　☆自分ができるようになったことを「できるようになったよカード」に書く。
　☆できるようになったことの発表会をして，みんなで見せ合う。
　※親子で成長の喜びを実感できるように，授業参観日に設定する。
第2次　あたらしい1年生をむかえよう。
　◇入学したころを思い出し，新1年生の気持ちを想像する。
　　・入学する前のドキドキや緊張，期待について思い出す。
　○明化幼稚園の園児に学校を案内する計画を立てる。
　　・新1年生にどんなことを教えてあげたいか考え，必要なものの準備をする。
　○園児とペアになって学校を案内する。
　　・1対1または1対2になって，自分が教えてあげたいことを教えたり，体

　　　　験させてあげたりする。

　　☆新1年を迎えるための準備をしたり，プレゼントをつくったりする。

　　　・アサガオの種を画用紙で包み，メッセージを書く。

　　◇新1年生を迎えるための発表準備をする。

　　　・入学式で1年生にどんな歌や音楽をプレゼントするか考える。

第3次　2年生になったら。

　　○2年生にインタビューし，分からないことを聞く。

　　※2年生の授業参観をさせてもらい，2年生への意欲を高めてからインタ
　　　ビューをさせる。

　　☆2年生になったらしてみたいことや喜びを作文に書く。

　　・2年生になったらやりたいこと，できるようになりたいことをチャレンジ
　　　カードに書く。

4.　かかわるもの・こと・人

　　①明化幼稚園の園児

　　②2年生

　　③保護者

　　④プレゼント

　　⑤できるようになったよカード

　　⑥チャレンジカード

5.　改訂のポイント

　　①自分自身の成長の気付き，実感

　　②伝え合い，交流する

　　③自分自身の成長の振り返り

　　④幼児と児童の交流学習の設定

　　⑤自分のよさや可能性の気付き

　　⑥見付ける，比べる，たとえる

3.　学習指導計画の実際2

1.　単元名「あしたへジャンプ」（22時間扱い）②

第1次　せいちょうのきろくをつくろう（14）

第2次　大きくなった発表会をしよう（4）

第3次　3年生へジャンプ（4）

2. 単元のねらい

　小さいころから今までを振り返り，成長を支えてくれた家族，友達，先生などに感謝の気持ちを表すことができるようにする。3年生への意欲をもつことができるようにする。

3. 主な学習活動と教師の支援

○ かかわるための活動　　◇ 考えるための活動 ☆ 表現するための活動　　※ 支援

第1次　せいちょうのきろくをつくろう。
　　○友達の小さいころの写真を見て，誰かを当てる。
　　○自分の小さいころの写真や使っていたものを集める。
　　※小さいころの洋服や持ち物からも成長を実感させる。
　　　小さいころの自分の様子を家の人や幼稚園の先生等に聞いて調べる。
　　※自分自身の成長を振り返らせるために幼稚園や保育所に取材に行かせる。
　　☆成長の記録を自分自身が選んだ表現方法で表現する。
　　　・成長の記録を自分の方法でまとめる。
　　　・紙芝居，カード，まきもの，新聞など
　　○友達に自分の成長の記録を見てもらう。

第2次　大きくなった発表会をしよう
　　☆授業参観日に，保護者の前で成長の記録を発表する。
　　　・成長を支えてくれた人の前で発表する。

第3次　3年生へジャンプ
　　○3年生の教室に行き，3年生の学習の様子を参観したり，インタビューしたりする。
　　　・授業参観したり休み時間を一緒に過ごしたりする。
　　☆3年生になって自分がしたいことや夢を文に書く。

4. かかわるもの・こと・人
　　①思い出の品
　　②家族
　　③幼稚園や保育所の先生
　　④3年生

5. 改訂のポイント
　①身近な人々と伝え合う活動
　②自分自身の成長の振り返り，成長の実感
　　（東京都文京区立明化小学校，2009（平成21）年度年間指導計画を参照）

第4節　具体的な本時の指導

　上記の指導計画に基づいて，本時の学習指導案が作成され，具体的な指導が
展開される。
　第1学年，第2学年の各指導例を2つずつ以下に掲載する。

1. 第1学年の具体的な指導例

これまでのことを思い出そう（本時1／4）
（1）本時のねらい
　入学してから3学期の今までの学校生活を振り返り，できるようになったこ
とを思い出し，「できるようになったよカード」に記入する。できるようなっ
たことが多いことに改めて気付く。
（2）本時の展開

主な学習活動	支援・指導上の留意点
1．入学式から今までの学校生活を思い出す。 ・うれしかったこと，楽しかったことなど。 　まず，隣の人と話し合う。 　次に，2人の話し合いをもとに，どのようなことがうれしかったか，楽しかったかを，学級の友達に紹介する。	・入学式の集合写真 
2．教室での授業風景の写真を見ながら，授業で初めてできるようになったことを思い出し，「できるようになったよカード」に記入する。	・学校行事，授業風景をスライドショーで提示 ○どのようなことが話題になっているのかを確認しながら，机間指導を行う。

・くりあがりのある足し算，引き算 ・鉄棒，マット，跳び箱 ・給食で今まで嫌いだった○○が食べられるようになった。 3．カードを見ながら，自分のできるようになったことを，振り返る。 4．友達の同士で紹介するために発表会を行うことを予告する。	○思い出せない児童に対しては，授業で作成した作品等をヒントに，思い出せるように働きかけるようにする。 ・1項目について1枚のカードを用いる。何枚書いてもよいが，数を競うことでないことを確認する。 ・自分自身の成長をかみしめる場としたい。 ・このようにしてカードに書いて振り返ってみると，その数が意外に多いことに気付かせたい。 ・教師から発表会をすることを提案するのではなく，子どもたちからそのような提案が行われるような雰囲気を醸成したい。

　このように具体的なことがらを通して，自分自身の成長に気付く場を設けることにより，自立への基礎を養う場としていきたい。

あたらしい1年生をむかえよう（本時3／6）
（1）本時のねらい
　明化幼稚園の園児（新1年生）に，どのようなことを教えてあげたいかを考え，学校を案内するための必要な準備を整え，役割演技を通して案内を体験的に実施することができる。
（2）本時の展開

主な学習活動	支援・指導上の留意点
1．1年生にどのようなことを教えてあげたらよいか考える。 ・学校の1日 　勉強の様子 　遊びの様子 　給食の様子 ・学校にあるもの 　音楽室 　図工室 　ランチルーム	・日課表 　時間割 　写真，子どもの絵 　教室での学習 　校庭での遊び 　給食 ・学校探検で作成した地図などの資料を手がかりに学級全体で相談する。

校庭 体育館 保健室 給食室 ・学校にいる人 　1年生から6年生 　先生 　事務さん 　主事さん	・学校探検で用いた写真，絵
2．案内のコースを考える。 　昨年のことを思い出す。 　音楽室に入り歌を歌った体験を思い出しな 　がら学校の地図のコースをたどる。	○学校の地図，昨年のコースを点線で記入し 　ておく。コースは教師が，昨年に準じて決 　定しておく。
3．新1年生と一緒に歩く体験をする。ペア 　を隣の子とつくり，案内役（1年生）とお 　客さん（園児）の役を交互に演じる。 　手のつなぎ方 　歩き方 　言葉のかけ方 ・このペアで実際に校内の案内のコースを実 　際に歩いてみる。	・まず，教室でペアをつくり，役割を相互に 　演じる。 2回行う。
4．反省点，気付いたことをワークシートに 　記入する。	
	・本番に備えて，上手にできたこと，できな 　かったこと，そのわけを考えさせるように 　するとよい。

　ペアで案内の体験をすることにより，次は実際に園児を連れて校内を案内するという臨場感を高めていく。園児という対象を意識させることによって，自分自身の学校に対する気付きを深めていくことができる。

2．第2学年の具体的な指導例

せいちょうのきろくをつくろう（本時2／14）

（1）本時のねらい

　自分の小さいころの写真や使っていたものを集め，それらに直接触れること

によって，自分自身の成長を実感することができる。

(2) 本時の展開

主な学習活動	支援・指導上の留意点
1. 自分の小さいころの写真やそのころに使っていたものを机の上に置き，よく見る。 　　赤ちゃんのころの写真 　　そのころの洋服 　　靴，靴下，おもちゃなど ・今の上着と比べてみる。 ・思ったこと，感じたことをノートに記入する。	・家庭の協力を得て，可能なものを無理のない範囲で用意する。 全員同じものを一律に集める必要はない。
2. 赤ちゃん（誕生時）のときの 　　身長・体重を家（父，母など）の人から聞いて調べ，それを記入したメモを用意する。 自分がどのくらいだったかを意識させる。	○最近の身体計測の結果を事前に記入したカードを配布し，その隣に赤ちゃんのときの数値を家庭で記入してもらうように事前に渡し，学校で回収しておく。 数字について，詳しく理解させる必要はない。日常の会話ができる程度でよい。
3. 赤ちゃんのときの体重と今の体重の違いを実感させる。 ・はじめに自分の体重と同じくらいの友達をだっこしてみる。 ・次に，スーパーのビニール袋に赤ちゃんのときの体重に近い砂糖袋を詰めて，赤ちゃんを抱くような形で，砂糖の入ったビニール袋をだっこしてみる。 その違いについて，分かったことをノートに記入する。 今がとても重たくなっていることを実感する。	○砂糖500グラム入りの袋と1000グラム入りの袋を複数用意し（可能な限り），それを詰め，2500グラム，3000グラム，3500グラム，4000グラム等の重さの袋を作っておく。 ・身長についてもテープ等の長さに置き換えて，比較してもよい。 ・担任一人で行うより，複数の大人がいると効果的な指導を展開することができるので，他の教員，保護者，学生ボランティア等学校の実態に応じて，協力体制が組織できるように，配慮したい。

　ここでは，自分の成長を自分自身で具体物を通して，実感できることが大切である。成長の陰にあって，それを支えてくれた人の存在に気付くような下地ができることが望ましい。

　なお，この実践の展開に当たっては，学級の実態に十分に配慮する必要がある。保護者会，学級通信等の機会を捉えて，授業目標，内容，準備するものに

ついて事前に説明し，協力の依頼をし，十分に理解を得ておくことが大切である。学級の実態に応じて，展開の内容を変更することがあることを認識しておくことも必要である。

3年生へジャンプ（本時1／4）

(1) 本時のねらい

あと，20日したら3年生になる，3年生なると今までとどのようなことが違ってくるのか，3年生の様子を具体的に授業参観したり，インタビューしたりすることによって分かることに気付き，それらの活動についての計画を立てる。

(2) 本時の展開

主な学習活動	支援・指導上の留意点
1．3年生が使っている社会（副読本）と理科の教科書を見て，3年生になると変わると思うことについて話し合う。 ・3年生になると社会と理科の勉強をするんだ。 ・どんなことを勉強するのかな？ ・国語や算数もどんなことをするのかな？ ・むずかしくなるのかな？ ・教室の場所は変わるのかな？ ・6時間の日が増えるのかな？ 2．みんなの疑問をどのようにして調べたらいいか考えを出し合う。 ・3年生の○○君のお兄さんに聞いたらいい。 ・3年生の教室に授業を見に行けないのかな？ ・そのとき，3年生にみんなでインタビューできないかな？ ・インタビューいいね。図書館の先生やお店のおじさんにしたことあるもんね。 ・でも，3年生の勉強のじゃまにならないかな。 ・ぼくたちの勉強のためなんだから，3年生の○○先生にお願いしてみようよ。 ・それが，いい。それがいい。	○グループ分の教科書を用意する。 ○3年生の時間割表も用意しておく。 ○生活科での既習経験も生かしながら，アイディアが出るように，働きかける。 ・生活科で自分自身ができることになったことの活用であるということを意識させ，自信をもって意欲的に取り組むようにさせたい。 ・この場面で教師は，支援者に徹していきたい。子ども自身で学習をつくり上げていくような流れを創り出していきたい。

・だれが，お願いに行くか，代表の人を決めよう。 3．3年生の先生に授業参観とインタビューのお願いに行く相談をする。 ・誰が行くか？ ・授業参観のときは，授業を見るだけでなく，わたしたちも一緒に3年生と勉強したいな。 ・幼稚園の子にわたしたちが去年してあげたように。	○3年生の担任とは，こちらの意図を十分に伝え，共通理解を図っておくことはもちろん大切である。

　この学習は「具体的な活動や体験を通して学ぶ」生活科の最後の学習となる。子どもたちが今までの学習成果を生かし，自立への基礎が身に付き，その力を最大限に発揮できるような学習の場にしたい。

┌─ コラム ─────────────
│ **時間認識へのスタート**
│
│　時間認識は，いつスタートするか。それはもちろん3年生の社会科で本格的にスタートする。
│
│　時間認識は，ものは変わるという変化への認識を深めていくことである。
│
│　しかし，生活科の教科目標「自分や自分の生活について考えること」についての解説に，「自分の過去を振り返って心身ともに成長した自分を感じ，自分はさらに成長していけるであろうという期待と意欲を育てることを目指している」と述べているところがある。自分自身の過去を振り返ることにより，自分自身の変化に気付くことができるともいえよう。
│
│　社会科の解説で次のように解説しているところがある。
│「現在の自分たちの生活や将来の生活……がどこにあるのかを考えたり，過去のできごとを現在及び将来の発展に生かすことを考えたりする」。
│
│　この2つの記述から，生活科で自分や自分の生活について考えることは，社会科の学習（時間認識に対する学習）に通じるところがある。その意味で，時間認識は，生活科の学習からスタートしているように思われる。
└──────────────────

課　題

1. 生活科で，自分や自分自身の生活について考えるとは，どのようなことなのでしょうか。そのことを学習では具体的にどのように展開するのでしょうか。
2. 生活科の学習を展開する際に，一人一人の子どもの置かれている家庭等の環境にどのような配慮をすることが必要でしょうか。

参考文献

文部科学省「小学校指導要領（平成29年告示）解説　生活編」2017年

「文京区立明化小学校年間指導計画」2008年，2009年

第 **11** 章

生活科における自己認識・他者との関係

　低学年の児童の自己認識と他者との関係については，学習指導要領解説生活編では，自分自身の気付きとそれにつながる自立の問題として述べられている。

　また，自己認識をするのに生活科の学習が大きくかかわったのではないかと大学生が語っている事実がある。そこには，教師の支援を欠かすことはできない。授業，授業外，日常生活での子どもの自己認識を支える教師の役割は大きい。本章では生活科における自己認識・他者との関係をどのように育むかを，実践例を踏まえて学習する。

　キーワード　スタートカリキュラム　自己認識　通知表

第1節　自己認識と他者との関係について

1. 自分自身の気付き

　自己認識と他者との関係について，「小学校学習指導要領解説生活編」では，低学年の児童の自分自身の気付きとして，以下の3点を指摘している。

（1）集団生活になじみ，集団における自分自身の存在に気付く

　このことは，他者との関係（集団生活）があって初めて自分自身の存在に気付けることを示している。

　具体例として，友達とものづくりをしたのがうまくいって「みんなでやったからうまくできました。わたしもがんばりました。またやってみたいです」という子どもの事例を挙げている。活動における自己関与意識や成功感，成就感

などから，仲間意識や帰属意識が育ち，共によりよい生活ができるようになることである。また，集団の中での自分の存在に気付くだけでなく，友達の存在に気付くことが大切であると，他者との関係にも触れている。

(2) 自分のよさや得意としていること，興味・関心をもっていることなどに気付く

このことは，自分について，具体的な認識が深まっていくことにつながっていることを示している。

具体例として，生き物を育てることが得意で，それに興味をもっていて，人や自然に優しくすることに気付くことができるという事例を挙げている。

そして，そこには，個性の伸張・開花の兆しが現れる。

また，ここでも，自分についての認識が深まるだけでなく，自分のよさや得意としていることに気付くことは，同時に，友達のそれにも気付き，認め合い，そのよさを生かし合って，共に生活や学習ができるようになると，他者との関係ができ上がっていくことに触れている。

(3) 自分自身の心身の成長に気付く

このことは，自己認識によろこびが感じられることを示している。

具体例として，自分が大きくなったことやできるようになったことに伴って，役割が増えたこと，さらに成長できることに気付くこと，を挙げている。こうした自分自身の成長の背景には，自分の成長を支えてくれる人々がいたことが分かり，その人々へ感謝の気持ちをもつようになると共に，他者の存在もあることに気付くと述べている。

このようにして見てくると，自分自身への気付き（自己認識）は，自分に対する認識で終始することなく，社会生活（集団生活）の中で，他者とのかかわりの中で育まれることが分かる。

2. 自己認識と自立の基礎

自分自身に気付くこと（自己認識）は，自立への基礎を養うことにつながる。自立には，第10章でも触れられているが，次の3つの自立があるといわれている。
①学習上の自立

自分にとって興味・関心があり，価値があると感じられることを進んで行う。

②生活上の自立

　生活上必要な習慣や技能を身に付けて，身近な人々，社会及び自然と適切に
かかわることができるようになり，自らよりよい生活を創り出していくことが
できる。

③精神上の自立

　自分のよさや可能性に気付き，意欲や自信をもつことによって，現在及び将
来における自分自身の在り方を求めていくことができる。

　これらの自立は，自分自身に気付くこと（自己認識）が深まるのと同時進行
で実現されていく。

3．生活科と今の自分とのかかわり（大人になっての自己認識と生活科）

　以下の①から⑤は，ある大学の学生に，自分の子ども時代の生活科の学習を
振り返り，「生活科で学習したことは，今の自分とどうかかわっているか」と
質問したことに対する回答の一部である。

　ここでは，上述してきた自分自身への気付き，他者とのかかわりや自立の基
礎が，生活科の学習をしたことによって，どのようにして実現することができ
たのか，①から⑤を手がかりにして若干の考察を試みる。

①「具体的に自分でやったことは今でも覚えている。自分の体を実際に動かし
たことは，身体にもしみこんでいる。新たなものに興味を示したり，やってみ
ようと思ったりできたこと。遊びを通して友達と仲良くなるきっかけもあった」
⇨大学生になった今でも小学校低学年のことを覚えている。そして，自分の体
　にしみこんでいると述べていることは，注目に値する。

　この間，いろいろな出来事があったにもかかわらず，生活科のことが記憶に
残っている。それは，この大学生の人生の中で大きな役割を果たしたことを
物語っているように思える。

　また，自分の体を実際に動かしたことで，新たなものに興味を示し，やって
みようと思ったということは，学習の自立，精神の自立にかかわることである。
さらに，遊びを通して，友達と仲良くなるきっかけとなったことは，他者と
の関係を築くことに生活科がかかわったことを示すものである。

②「今覚えていることに意味があると思う。それだけ印象が深かったというこ

とだし，肌で感じ身をもって体験できたということであると思う。また，勉強という感じが薄れるので，自分が生き生きできる瞬間や授業になったのではないか」

⇨この人は，今覚えていることに対し，自分で意味付けをしている。また，勉強という感じが薄れ，自分が生き生きできる瞬間や授業になっていた。子どもにとって，学校が幼稚園や保育所と大きく違うところは，勉強が登場することであろう。それが楽しみでもあり，必要以上に緊張感を与える場面でもある。生活科という時間があることによって，自分を生き生きとさせ，よさや可能性の発揮できる場を創り出すことになっていたのではないか。

③「学校が楽しくなったし，人とかかわることが楽しくなった。教えられたことを覚えるばかりではなく，自分で考えて発想し，行動する力がついたと思う。いろいろなことを考えることができ，視野も広がって，思いやりの心が育った」

⇨楽しい学校，人とかかわることが楽しくなる。集団生活への第一歩において，とても大切な他者とのかかわる力を身に付けているといえるだろう。

また，自分で考えて発想し，行動する力が付いたと自覚できることは，自分自身の成長に気付くことの具現化に他ならない。ここには，自己認識の喜びも感じることができる。

さらに，いろいろなことを考える，視野が広がる，思いやりの心と，知的な力だけでなく，心の成長も遂げている。これは成長の過程で精神的な自立にもつながっていったことを物語っているように思われる。

④「友達とのかかわりを学んだ。植物に親しみがわき，今でも好き。他の授業と異なり，「遊んでも授業」は楽しく，学校そのものが好きになるきっかけになった」

⇨「遊んでも授業」が，学校そのものが好きになるきっかけになったことは，自分のよさを発揮できる場を創り出すことにつながり，学習上の自立，精神上の自立につながっていったのだろう。

⑤「この授業があってか，まだ，踏み入れたことのない場所に行くことが私はとても好きです。住んでいる町で通ったことのない道があると通ってみたくなります。新しい発見は，いくつになっても楽しいものです」

⇨きっと，新しい場所を探検するときに必要な学び方，そのことに必要な習慣や技能も身に付けたのであろう。そのことを生かして，どんどん未知の世界を広げる楽しさを手に入れることができた。このことは，生活上の自立にもつながっていったといえよう。

また，「私はこのことが好きだ」とはっきり言い切ることができるのは自分自身のよさを自覚し，認識していることに他ならない。子ども時代の生活科がそのような自分を創り出すことにかかわっていることを述べているといえる。

このように見てくると，回答者に共通していることは，生活科の学習で体験したり，身に付けたりしたことが自分の成長の過程で，何らかの役割を果たし，自己認識や自立にかかわっていると述べていることである。この5つの例ですべてを語ることはもちろんできないが，生活科が成長の過程で果たしている役割について検討していくための手がかりを提供してくれている。

第2節　自己認識を支える教師

1.　自分自身の気付き（自己認識）を見取る

生活科では低学年の児童に対し，自分自身の気付き（自己認識）を促そうとしている。

それは，前述したように（p.158〜159参照），①集団生活になじみ，集団における自分自身の存在に気付くこと，②自分のよさや得意としていること，興味・関心をもっていることなどに気付くこと，③自分自身の心身の成長に気付くこと，である。

このような自分自身に対する気付きは，生活科の各単元の指導を通して育てようとしている。そのための授業づくりに関しては，第10章で触れられている。

しかし，自分自身の気付き（自己認識の力）を育て，それを見取るためには，直接それを中心に取り上げる単元の授業（「もうすぐ2年生」「あしたへジャンプ」など）だけでは十分とはいえない。

各単元の指導を通して大切なことは，1年間あるいは2年間継続して見取っ

ていこうとする教師の目である。

　それぞれの単元を通して，自分自身の気付きの場面を確実に見取っていくことである。

　例えば，アサガオを栽培する単元では，「毎日アサガオのお世話をしたのでアサガオが大きくなりました。アサガオと一緒にわたしも大きくなりました」というように，アサガオの成長に気付く自分が，自分自身の成長に気付いている。このような表現をさせることによって，教師はその成長を確実に捉えることができたのである。

2. 学校生活への適応への支援（スタートカリキュラム）

　次に，自己認識が，「(1)集団生活になじみ，集団における自分自身の存在に気付くこと」と，集団への適応をその要件とする以上，集団生活への円滑な適応を図っていかなければならない。

　それが，今，学校では，小1プロブレムとして低学年の児童について次のようなことが問題として指摘されている。

　・基本的な生活習慣や態度が十分に身に付いていない。
　・他者とのかかわりが苦手である。
　・自制心や耐性，規範意識が十分に育っていない。
　・運動能力が低下している。
　・授業中に座っていられない。
　・話が聞けない，集中できない。
　・集団行動がとれない。

　このような問題への対応を含め，生活科の学習指導要領では，「特に，小学校入学当初においては，幼児期における遊びを通した総合的な学びから他教科等における学習に円滑に移行し（中略），生活科を中心とした合科的・関連的な指導や，弾力的な時間割の設定を行うなどの工夫すること」（指導計画の作成と内容の取扱い(4)）と示している。このことを学習指導要領解説生活編では，児童の発達の特性や各教科等の学習内容から，入学直後は合科的な指導などを展開することが適切であるとしている。例えば，「『がっこうだいすき　なかよしいっぱい』といった大単元を設定することが考えられる。大単元には『学校探検に行こう』『学校のはてなやびっくりを見付けよう』『見付けたものや人をお知らせしよう』などの小単元を位置付けていく。小単元の主な学習活動には，

探検で見付けたことを絵に表したり，見付けた不思議を友達に伝えたりするなど，図画工作科や国語科と合科的・関連的に実施することで効果が高まるものがある」と述べている。

このように，総合的に学ぶ幼児教育の成果を小学校教育に生かすことが，小1プロブレムなどの問題を解決し，学校生活への適応を進めることになると期待される。入学当初の生活科を中核とした合科的な指導は，児童に「明日も学校に来たい」という意欲をかき立て，幼児教育から小学校教育への円滑な接続をもたらしてくれる。

各学校が創意工夫によって，集団生活への円滑な適応を図るためのスタートカリキュラムを作成することが待たれるところである。

(1) スタートカリキュラムの例

単元名「ともだちいっぱいつくろう」(5時間)
生活科　内容(1)学校の施設の様子及び先生などの学校生活を支えている人々や友達のことが分かり，楽しく安心して遊びや生活ができるようにするとともに，通学路の様子やその安全を守っている人々などに関心をもち，安全な登校ができるようにする。
【合科】
国語「みんなとたのしく」
　　・教室の場面の挿絵からさまざまな言葉を思い浮かべる。
　　　（挨拶，返事，名前を教え合う。）
図工「すきなものいっぱい」
　　・好きなものや好きなことを思いついて，気軽に何枚も書くことを楽しむ。
音楽「うたでともだちをつくろう」
　　・友達と一緒に歌ったり，身体表現をしたりする楽しさを感じ取る。
体育「からだづくり」
　　・友達のまねをしたり，競争したりしながら，仲良く運動する楽しさを味わう。
国語「えとことばでかきましょう」
　　・経験したことの中から，絵に描きたいことを見付け，絵に合う言葉や短い文を書きそえる。
学級活動(2)ア　希望や目標をもって生きる態度の育成

ウ　望ましい人間関係の育成

○ 隣の人の名前をおぼえる 　（生活1/3学級1/3行事1/3時間） ・学校，学級，先生の名前をみんなで言う。 ・王様じゃんけんをしたり絵本の読み聞かせを聞いたりする。 ・自分の名前を言って握手する。	・入学式当日から授業として位置付け，次の日も来たいと思えるようにゲームや本の読み聞かせ等を時間に合わせて行う。
○ クラスの友達の名前を覚えたり遊んだりする 　（生活1音楽1/3図工1/3国語1/3） ・短冊に名前をネームペンで書き，そこに自分の好きなものの絵をマークとして描く。 ・自己紹介ゲームをする。	⇦好きなものの中から一つ自分のマークを決めるように伝える。一つでは決められない場合は児童の思いを大切にし，複数描いてもよいことを伝える。 道徳2-(3)友情「1年生になったら」
○ 生まれ月の同じ人と誕生カレンダーを作る 　（生活1/3図工2/3時間） ・月ごとに，それぞれの顔の絵を描いて貼り，空いたところにその月に関する絵を描く。	⇦自分たちのこととして捉えられるように，できるだけ児童の願いを取り入れる。
○「1年生を迎える会」に参加する 　（国語1/3生活1/3行事1/3時間） ・どんなことをするか話し合う。 ・練習する（歌を歌う，名前を言う，あいさつするなど）。	⇦保護者会で活動の目的を伝え，必要事項をある程度決めてもらう。
○ 家の近くの人と友達になる 　（生活2行事1時間） ・家の近くの友達を確認する。 ・遊ぶ場所，日時，遊びの内容，待ち合わせの場所など，遊ぶことに必要なことを相談して決める。 ・学校の周りを歩いて，だいたいの家の方向や危険な場所，道路の歩き方などを把握する。	⇦児童が話し合った結果を学級便りで保護者に知らせる。 ⇦遊んで楽しかったことをや遊びの内容を報告する時間をとる。
○ 2年生と友達になる 　（生活1学級1時間） ・学校案内をしてもらったり一緒に遊んだりする。	⇦学校探検の意欲がわくように案内してもらう場所を3か所程度とする。 ⇦活動の目的と内容を職員に伝え，理解を得る。 ⇦危険な場所に教員がいて児童の安全を確保する。

このスタートカリキュラムは，これ以降，「学校探検をしよう」（7時間），「学校をもっと好きになろう」（5時間）と合科的な指導が続いていく。このようなカリキュラムの実施によって，子どもたちが安心して幼児教育から学校教育へ移行していくことが期待されているのである。

（東京都生活科・総合的な学習教育研究会第1分科会，2009（平成21）年度の研究を参照）

第3節　授業以外の場で子どもの成長を見取る

授業以外の場で，生活科で育てたい力が現れることがある。そのことを見逃さず見取っていくことが教師，特に，担任には求められる。子どもたちとの生活を通して，そのような場面に出会う機会に恵まれることが多いからである。

そのために必要なことは，子どもをよく観察し，見ることである。子どもの生活の中には，さまざまな事実がある。その事実の中から，さまざまな学びを「見て取る力」が必要なのである。教師は，子どもの活動をていねいに見取り，どのような学びが成り立っているのかを見取る力を身に付けていきたい。

しかし，これは，教師にとって至難の業といってよいかもしれないが，一歩でも，そこに近づくことができるように，日々の精進が求められる。

これから紹介する事例は，子どもの動きをカメラで追っているうちに偶然とらえた一場面から，子どもの事実を分析し，子どもの成長の気付き（自己認識）を，教師の協働作業によって，見取ることができたものである。子どもの動きを直接に捉え，その場で意味付け，価値付けができることが理想である。間接的な資料を分析することを通して，子どもの育ち（身に付けた力）を見取る力を身に付けていくことも大切なことである。

1．事例1　水筒を見つけ出したA

生活科では，「遊びも学習」といわれている。子どもは遊びを通していろいろなことを学びとっている。そのことを教師が確実に見取っているかといえば，意外に見逃していることが多いといえるかもしれない。

1年生のAは，日頃「すぐ切れる子」といわれている。それは「感情のコントロールができない子」と言い換えてもよいかもしれない。そんなAの校外学

習での遊びの場面での出来事である。

　Aは，大好きなサッカー遊びをした後，満足して友達と草の上に座った。
「さあ，お茶を飲もう。飲んだら何をしようかな？」と最高の気分であった。

　しかし，その気分は，束の間，一変する。「水筒がない」と，気付いたのである。

　これからの記述は，Aの行動を偶然カメラに収めることができたものを再生
し，担任らの分析を交え，記述したものである。

　この間，およそ，20分であった。

　うろうろするAに，状況が飲み込めない担任は，「Aちゃん，水を飲んだら」と，
何度も声をかけていた。友達も，「自分の水筒の水を飲んでいいよ」と，声を
かけていた。

　[以下，「　　」（表に現れたAの声），《　　》（心の中を推測したAの声）]

　しかし，Aは，以下のように自問自答を繰り返したのである。

「先生，お茶が飲みたい」

《あっ！　水筒がない》

　と，Aは，水筒がないことに気付く。そして，そのまま，5分間ほど座り込
んでいる。

《なぜ，水筒がないのかな？》

　2本ほど木に登る。

《たしかに，このリュックの中に入れたはずなのに》

「先生，お茶がほしい」

　しかし，担任からは満足がいくような答えはない。

　友達が水遊びをしているのを見ている。

《ぼくのあのお茶がほしい》

　今度は，石の上に座り込む。

《変だなあ》

　次に木に寄りかかる。

《やっぱり，ぼくのお茶がほしい》

　川原のアゲハをとろうとする。

《お茶がほしい。ないよな》

　でも，……。リュックを再び探す。

　そして，リュックの中から水筒を見付ける。

「あった！」

自分の水筒の水を飲む。

《ああおいしい！　ようし。遊ぼう！！》

このような事実から，Aのどのような成長を見取ることができるのだろうか。そして，A自身は自分自身の成長に気付くことができたのだろうか。

ここでは，最初に触れたAのプロフィールを思い出したい。「すぐ切れる」「感情のコントロールができない」と書かれていた。

この水筒事件に登場したAは，どうだろうか。

担任は，水筒が見付からなくて，自分のお茶が飲めないというAの置かれている状況を的確に把握していない。だから，適切な対応をすることができない。

「自分の水を飲んでもいいよ」という友達の言葉はあるものの，A自身の自問自答で，20分のほとんどが展開していることに注目したい。

Aは自分自身と向き合い，自分の感情，思い，考えと格闘しながら，水筒の発見という問題解決に至ることができたのである。「遊びも学習」といわれてきた。Aは，このような一人遊びで，自問自答を繰り返しながら，遊びの本質ともいえる主体性に支えられた学びを実現できたことになる。これこそ，冒頭で触れた自分自身の成長に気付くことであり，自立への基礎を築くことにつながっているのではないだろうか。

（中村美和子「水筒事件　自らと向き合う学びの力」日本生活科・総合的学習教育学会東京支部『これからの新しい学校教育の創造』2009年所収参照）

2．事例2　虫取りに熱中したA

水筒を発見し，水を飲むことができた，心の安定を回復したAは，虫とりに熱中していく。そのときの様子もカメラはとらえていた。

お茶を飲んで元気になったAは，虫とりに向かう，しばらくして，「捕まえた！」と走り下りてきた。大きな茶色のバッタだった。

「バッタゲット！」と，周りにいた友達がいう。そして，

「葉っぱをいっぱい入れるといい」とアドバイス。

「葉っぱならこっちにいっぱいあるよ」

「ぼく，あそこの森でとったんだよ」とA。

友達もAのバッタを目にすると，みんなでバッタとりに行こうということになる。

Aが先頭に立つ。そして，その場所に着くと，当たり前のように虫とりにか

かった。そこは，草むらだった。

「どこにいるんだよ」と友達は，立ったままの姿勢で，草を足で蹴りながら虫とりにかかった。

ところが，Ａは違う。腰をかがめ，手を合わせ，いつでも虫を見付けたら，つかめる姿勢で探している。

「あっ。いたいた」とＡ。

「何が」と友達。

そして，虫を素早く捕まえているＡの姿を目にする。

「どういう所にいるの？」

と，虫を捕まえたＡと自分の違いに気付き，Ａに問いかける。

「まず，膝をつき，手で草をかき分け，いつでも捕まえることができるように，手を合わせて準備する。そして，よーく見ること，バッタが跳ねるから，そうっと行かなくてはいけない。バッタがいたらぱっと捕まえる」

と，身振りと言葉で教えた。自信たっぷりに教えている。

そこに居合わせた担任がＡに，「誰に教わったの？」と尋ねた。

「自分で考えた」とＡは自信たっぷりに答えている。

友達はＡに教えられた通り，しゃがんで草をかき分け，抜き足差し足で虫を探しだした。

（中村美和子「『知的気付き』とは—虫取りに見られた"自ら創る知識"の力」日本生活科・総合的学習教育学会東京支部『これからの新しい学校教育の創造』2009年所収参照）

ここでのＡの姿は，自分で身に付けた虫とりの技術を友達（他者）に教えることにより，自分のよさや得意なことに気付き，それを生かして，友達（他者）との関係を深め，自分自身の成長の喜びを体で表現している。

このような瞬間に教師が居合わせ，その喜びを共にできることは意外と少ない。ここでは，この場に居合わせた担任以外の教師がビデオを回していたことにより，この場で展開されたＡの成長のドラマに担任をはじめ，多くの教師が出会うことができた。校外学習という場で担任以外の教師が引率という形で加わっていたことが幸いしたといえる。ここで得られた子どもに関する情報は，たいへん貴重なものである。担任一人のふだんの授業ではなかなか得にくい情報である。

このような事実から，子どもの成長を読み取り，意味付け，価値付けし，子

ども本人や保護者に伝えるようにしたいものである。この情報を提供することがAに対する教師の支援なのである。自分が中心となって自分の周囲が動いていることを自覚できたとき，意欲を引き出し，やる気を出すといわれている。自分が虫を捕まえ，その方法を友達に教え，自分だけでなく，友達までが虫とりに夢中になったことは，まさに，A自身の自己認識を深め，意欲を引き出すことができたのである。このことをA自身に自覚させるような，教師の働きかけ，支援が，Aの成長には必要なことなのである。

第4節　担任が行う日常的な支援

　子どもの自立を促し，子ども自身がその成長の姿を自覚できるためには，教師の日常的な支援が大きな役割を果たすことがある。

　その例を紹介する。

1. 帰りの会で

　一日の授業が終了し，下校前の数分間，多くの学級では，帰りの会を行っている。今日一日の生活を振り返り，うれしかったこと，楽しかったこと発表させている学級は多い。その中で，初めてできるようになってうれしかったこと，友達にしてもらってうれしかったことを意図的に取り上げるようにする。そこでは，自己認識，友達（他者）とのかかわりを深めるような内容が登場してくるはずである。学校は意図的，計画的に教育を進めていくところである。このことを，最大限に活用していくことを忘れてはならない。

2. 通知表への記載

　「早く大きくなってね」といいながら毎日アサガオに水をあげていました。やさしい子です。

　これは1年生の1学期に担任があゆみ（通知表）に書いた所見である。

　担任は，子どものよさや成長の様子を的確に見取り，その情報を本人や保護者に知らせることが有効である。本人はその行為を無意識のうちに行っていることが多いので，自分自身では自分のよさや成長に気付かないでいる。担任からの情報提供によって初めて知る事実も多い。担任は，その事実に対し「やさ

しい子」という意味付け，価値付けを行っている。この事例の学校では，「やさしい子」が学校の教育目標の一つに掲げられている。担任は教育目標に照らして，子どもの生活の場で，子どもの成長を見取ったのである。そのことをあゆみに記載することによって，本人と保護者に知らせた。

　通知表への記載は，本人の自己認識を深める有効な支援となっているのである。

3. 共に遊ぶ

　子どもは，教室の中だけで，自己認識を深めたり，他者とのかかわりをつくり出したりしているわけではない。むしろ，友達との遊びを通して行われていることが多い。遊びの場面は子ども同士で行われていることが多いために，その成長の実際の場面を教師が目にすることはきわめて少ないといえる。教師が子どもと共に遊ぶことにより，遊びを通して現れる成長の場面を目にすることができる。また，子どもが中心になって展開されていく遊びなのだが，教師の知恵によって，遊びを活性化させることもできる。教室では接することのない子どもの別の姿にも触れることができる。そして，教師の児童理解をより確かなものにすることになっていく。

　この3例の他にも教師は，日記指導，日常の話しかけなどさまざまな支援を意図的に，また無意識にも行っていることを知っておきたい。

┌─ コラム ─

カルテという手法（子どもの成長を見取る手立て）

　担任は子どもと一日中生活を共にしている。

　では，その生活の中で，子どもの成長を確実に見取ることができているであろうか？

　それについて，自信をもって「はい」といえる担任は意外に少ないのである。たとえ，成長の瞬間に出会えたとしても，しばらくすると忘れてしまうことが多い。そこで，その瞬間を記録にとどめる手立てが必要なのである。

　上田薫氏（元都留文科大学学長）が提唱しているのがカルテである。

　その子に何か変わったことがあったと思った瞬間に，メモにして残すというものである。自分のそばにメモができるものを用意しておき，書

き留めておく。どんなささいなことでもかまわない。とにかく，メモにして残すのである。

授業中の子どもの素晴らしい発言を残したい。この願いから「固有名詞のある板書」という方法を考えた教師もいる。

授業中のこれはという発言を聞いたら板書する。そして，発言者の名前も，発言と一緒に書いておく。そして，授業終了後，大学ノートに板書の記録を残していく。

そして，板書の記録をはじめ，さまざまな場面でメモした，点としての子どもの事実を並べたり，つなげたりして，線や面としてみるようにする。そこから，ふだん見取れない子どものさまざまな新たな事実が浮かび上がってくる。

それは，子どもを継続的に多面的に捉えることにつながっていく。そして，児童理解が深まっていくというのである。

評価の場面で板書記録ノートやさまざまなメモが有効に働くのである。

課　題

1. 低学年の自分自身の気付きにはどのようなことがあるのでしょうか。事例を通して，考えてみるとどうなりますか。
2. 子どもの日常の生活の中から子どもの成長を見付け出すためには，教師はどのような配慮をしたらよいのでしょうか。
3. 日常的に担任が，子どもの成長への気付きを促すために行う支援には，どのようなことが考えられるでしょうか。
4. 授業外で子どもの成長を見取るためには，どのような手立てが考えられるでしょうか。

参考文献

上田薫著「個を育てる力」『上田薫著作集5』黎明書房，1992年
生活科・総合的学習教育学会東京都支部「これからの新しい学校教育の創造」2009年
東京都生活科・総合的な学習教育研究会　第1分科会，2009年度
文部科学省「小学校学習指導要領（平成29年告示）解説　生活編」2017年

生活科の指導計画と校内環境づくり

指導計画は,学校が作成した教育計画を具体化したものである。生活科の指導計画には,地域環境を十分考慮して学年ごとに策定する年間指導計画や,2年間にわたる長期指導計画等がある。これらの計画をもとに,教師は学級の実態を考慮して単元の指導計画と単位時間ごとの指導案を作成する。指導実践の成果を上げるためには,自然環境・施設といった具体的な校内環境づくりも重要である。そこで,この章ではそれぞれの指導計画の立て方や環境づくりの事例を通して重要性を学習する。

キーワード　カリキュラム・マネジメント　飼育舎　飼育活動

第1節　指導計画作成の要点

1. 指導計画作成の前提

指導要領の主旨を生かす

2016（平成28）年12月の中央教育審議会の答申に基づいて作成された学習指導要領は,次のような指摘のもとに改訂された。

- ・具体的な活動を通してどのような思考力等が発揮されるか十分に検討する
- ・各教科等で期待される資質・能力を育成する低学年教育として滑らかに連続,発展させる
- ・カリキュラム・マネジメントの視点から検討し,学校全体で取り組むスタートカリキュラムとする
- ・社会科や理科,総合的な学習の時間をはじめとする中学年の各教科等への接

続を明確にする

　指導計画を作成する場合は，これらの指摘を十分考慮しなければならない。さらに改善の具体的事項が(ｱ)から(ｶ)のように示された。

(ｱ)　児童生徒に求められる資質・能力を育成することを目指した授業改善の取組は，既に小・中学校を中心に多くの実践が積み重ねられており，特に義務教育段階はこれまで地道に取り組まれ蓄積されてきた実践を否定し，全く異なる指導方法を導入しなければならないと捉える必要はないこと。

(ｲ)　授業の方法や技術の改善のみを意図するものではなく，児童生徒に目指す資質・能力を育むために「主体的な学び」，「対話的な学び」，「深い学び」の視点で，授業改善を進めるものであること。

(ｳ)　各教科等において通常行われている学習活動（言語活動，観察・実験，問題解決的な学習など）の質を向上させることを主眼とするものであること。

(ｴ)　１回１回の授業で全ての学びが実現されるものではなく，単元や題材など内容や時間のまとまりの中で，学習を見通し振り返る場面をどこに設定するか，グループなどで対話する場面をどこに設定するか，児童生徒が考える場面と教師が教える場面をどのように組み立てるかを考え，実現を図っていくものであること。

(ｵ)　深い学びの鍵として「見方・考え方」を働かせることが重要になること。各教科等の「見方・考え方」は，「どのような視点で物事を捉え，どのような考え方で思考していくのか」というその教科等ならではの物事を捉える視点や考え方である。各教科等を学ぶ本質的な意義の中核をなすものであり，教科等の学習と社会をつなぐものであることから，児童生徒が学習や人生において「見方・考え方」を自在に働かせることができるようにすることにこそ，教師の専門性が発揮されることが求められること。

(ｶ)　基礎的・基本的な知識及び技能の習得に課題がある場合には，その確実な習得を図ることを重視すること。

　そこで，生活科の指導計画作成段階では，このような改訂の趣旨を生かし，生活科の目標達成を目指すよう指導の充実を図らなければならない。

2. 指導計画作成上の留意点

（1）校外の活動を積極的に計画する

　生活科は，児童の生活を中心に学習内容が設定されている。学習環境は教室

や校地内にとどまらず，生活地域にまで広げて考えなければならない。自分と家族，自分と地域の人々，自分と地域社会や自然とのかかわりが具体的に把握できるよう配慮しなければならない。学習指導要領では指導計画作成上の配慮事項の(1)として次のように述べている。

> 年間や，単元など内容や時間のまとまりを見通して，その中で育む資質・能力の育成に向けて，児童の主体的・対話的で深い学びの実現を図るようにすること。(中略) 自分と地域の人々，社会及び自然との関わりが具体的に把握できるような学習活動の充実を図ることとし，校外での活動を積極的に取り入れること。

　子どもたちの生活を地域に根ざしたものとするために，学習の場や対象を重視している。子どもたち一人一人が，地域の人々や社会及び自然とのかかわりを具体的に把握することである。直接の体験を通して地域の一員としての自覚を培っていくのである。そのためには，実際に地域の人と話をしたり，地域の施設を利用したり，地域の自然に触れたりするなどの直接かかわる活動や体験を行うことが欠かせない。

　例えば，内容の(3)「自分たちの生活は様々な人や場所と関わっていることが分かり……」を取り上げて説明する。さまざまな場所とは，子どもたちの住む環境で異なるが，田畑や工場，商店や公共施設を挙げることができる。これらの場所に出かけることによって，学校や家庭を中心とした枠を広げることができるのである。活動が活発になるほど，地域が分かり，新たな疑問も出てくる。例えば，「畑の大根はだれに売るのかな」「お店はいくつの種類のパンを売っているのだろう」というように，強いかかわりをもつようになる。

　なお，「地域の人々」については，「生活したり働いたり」という言葉を加え，具体的視点をより明確にしている。また，今回の改訂において，内容(8)「生活や出来事の伝え合い」が位置付けられた。この意義を学習指導要領の解説編では，次のように述べていることに留意したい。「例えば，学校を探検して発見したことを友達に伝える活動を繰り返し，徐々に活動の範囲を地域へと広げていくことが考えられる。地域では，目的に応じて調べたりインタビューしたり体験したりして情報を集め，それを地域の人に伝えたり，発信したりする活動が考えられる。こうしたことを繰り返して行う中で，児童は互いに交流することの楽しさを実感し，更に進んで触れ合い交流していこうとする。また，幼児との交流も，児童にとっては，関わることのよさや楽しさを実感する有効な

機会となる。幼児との交流を通して相手意識が生まれ、『分かりやすく伝えよう』『相手の気持ちを考えよう』といった気持ちが高まる。そうした中で成立した幼児との豊かなコミュニケーションは、児童にとって大きな達成感や成就感につながるものであり、更なる交流の動機付けとなる」。

(2) 2学年にわたって扱う学習を計画する

　飼育・栽培は、動植物の成長を見守る中で新たな発見や追究する課題をたくさん提供してくれる。計画的な準備と適切な時期の学習時間の確保が求められる。内容の9項目をどの学年で中心に扱うかは、学校の計画にゆだねられているが、内容(7)「動物を飼ったり植物を育てたりする活動を通して、それらの育つ場所、変化や成長の様子に関心をもって働きかけることができ、……」とある。この内容は創意工夫をして十二分に活動させることが求められる。学習指導要領では、指導計画作成上の配慮事項として、(3)で次のように述べている。

> 　第2の内容の(7)については、2学年にわたって取り扱うものとし、動物や植物への関わり方が深まるよう継続的な飼育、栽培を行うようにすること。

　2学年にわたって取り扱うとは、第1学年でも第2学年でも取り扱うということである。これは、飼育・栽培という活動の特性から一回限りの活動で終わるのではなく、経験を生かし、新たなめあてをもって、繰り返したり体験させたり、長期にわたって活動させることを意図したものである。

　2学年にわたって取り扱う場合、その取り扱い方を創意工夫する必要がある。例えば、第1学年では飼育、第2学年では栽培（またはその逆）といった方法や、第1学年でも第2学年でも飼育と栽培の両方を行う方法があろう。また、例えば、小動物を育てながら一緒に野菜などを栽培して、それを小動物の餌にする方法もあろう。栽培では第1学年の春から秋にかけて行い、引き続いて第2学年の春にかけて行う方法も考えられる。各学校において、児童の実態、飼育・栽培に関する環境、活動のねらいに応じた創意工夫が求められる。

　前回の改訂から、特に継続的な飼育、栽培を行うことを強調している。これは、自然事象に接する機会が乏しくなっていることや、生命の尊さを実感する体験が少なくなっているという現状を踏まえたものである。動物や植物へのかかわり方が深まるよう継続的な飼育・栽培を行うとは、一時的、単発的な動植物とのかかわりにとどまるのではなく、例えば、季節や学年を越えた飼育活動

で成長を見守ること，開花や結実までの一連の栽培活動を行うことなどである。そのような活動を通してこそ，動植物どちらの場合も生命の尊さを実感することができると考えられる。児童は，長期にわたる飼育・栽培を行うことで，成長や変化，生命の尊さや育て方などさまざまなことに気付き，親身になって世話ができるようになるのである。

(3) 他教科との連携

　学習指導要領の第1章「総則」の第2の4の(1)では，「教科等間の関連を積極的に図り，幼児期の教育及び中学年以降の教育との円滑な接続が図られるよう工夫すること。特に，小学校入学当初においては，幼児期において自発的な活動としての遊びを通して育まれてきたことが，各教科等における学習に円滑に接続されるよう，生活科を中心に，合科的・関連的な指導や弾力的な時間割の設定など，指導の工夫や指導計画の作成を行うこと」と示されている。

　生活科は日常の生活と密着してこそ児童の意欲が高まり，学ぶ目的が明確になる。例えば，観察してきた公園の様子を描いたり，説明を文で表現したりする活動がある。生活科で収集した素材が国語科や図工科の学習材として生きるのである。特に，国語科で学ぶ言語活動の必要性を意図的に理解させることができる。また，身近な道具や音の出るおもちゃを作って活動する場面では，「合奏」をしたり，演奏にあった歌を作ったりする。このような活動へと発展させたとき，音楽科との連携が生じる。このほかにも，公園での遊び方を考える過程では，道徳の時間との関係も出てくるのである。

　生活科を学ぶとき，他の教科で学習した知識や技能が豊かであればあるほど，学びの広がりや深まりが大きい。ここに総合的な学習としての生活科の特徴がある。

　配慮事項の中で，「小学校入学当初においては，生活科を中心とした合科的・関連的な指導を行うなどの工夫をすること」とある。このことは，さまざまな教育機関を経て入学した児童たちが小学校生活に順応するための配慮事項でもある。すなわち，ゆとりある時間を設定し，児童が自らの思いや願いを実現できる活動を実践することを願っている。例えば，「小学校ってどんなところ」という総合的な大単元をスタートカリキュラムとして編成する。「学校の施設や自然を知りたい，学校で働く人たちと話してみたい，2年生とも遊んでみたい」等の児童の願いを叶えていくことによって，幼児教育の時期から小学校教育へ

と円滑に児童の生活を進めることは，児童や保護者が抱える入学当初の不安や問題を減少させ，解決の方向に向かう有効な手立てでもある。

第2節　指導計画と事例

1. 年間指導計画

　自然を観察したり植物を栽培したりする内容は，生活科の指導計画を作成するうえで特に考慮しなければならない。例えば，種をまく活動は，雪が融ける時期や気温が発芽に適する月を考慮するということである。日本は南北に国土が長い。桜の開花時期が九州では3月であるのに対して，北海道は5月といった具合で，2か月も異なる。また，伝統的な行事や地域のイベントの開催時期に合わせて年間計画をつくることになる。年間計画は大単元と小単元や活動内容を生活暦に合わせて学校で作成する。生活科は誕生して20年が経過した。教師は学校が過去に実践した計画をもとに手直しを加え，年間計画がより児童や地域の実態に合ったものになるよう心がけなければならない。次の年間指導計画は関東地方の例である。

(1) 単元の構成と小単元

　生活科における単元は，月や学期を通して長期間にわたる活動内容を表す場合がある。例えば，「こうえんへいこう」という包括的な単元名で説明する。

1年生の年間指導計画例

月	週	単元	小単元
4	①	1．がっこうたんけん	☆みんな　ともだちなかよくしよう ☆どんな人がいるのかな？　なにがあるのだろう
	②		
	③		
	④		
5	①	2．そだてよう1	☆じぶんたちで　たんけんしよう ☆おおきくなあれ ☆がっこうのまわりを　たんけんしよう
	②		
	③		
	④		

6	①	3．こうえんへいこう（夏）	☆あぶないところは　どこだろう
	②		☆どんな　あそびができるかな
	③		☆なかよくあそぼう
	④		☆木やくさであそぼうよ
7	①		☆まいたたねの　はながさいたよ
	②		☆はなをつかって　あそぼうよ
	③		
8			
	④		
9	①	2．そだてよう2	☆タネをとろう　いくつある
	②		☆ほって　たべよう
	③		☆がっこうのどうぶつと　なかよしになろう
	④		☆はるにさく　きゅうこんをうえよう
10	①	4．おうち　だいすき	☆こんなこと　したよ
	②		☆どんな　おてつだいできるかな
	③		☆できるようになったよ　はっぴょうかい
	④		
11	①	3．こうえんへいこう（秋）	☆なにして　あそぶ
	②		☆あきの　はやみで　かざろう
	③		☆おみせやさんをつくって　あそぼう
	④		☆お客さんをいっぱいよぼう
12	①		☆あきのおまつり　はじめよう
	②		☆もうすぐおしょうがつ
	③		
	④		
1	①		
	②	3．こうえんへいこう（冬）	☆かぜとあそぼう
	③		☆むしをさがそう
	④		☆ふゆのあそび　むかしのあそびをしよう
2	①		
	②	5．おおきくなったよ	☆おもいでいっぱい
	③		☆1ねんせいをむかるじゅんびをしよう
	④		
3	①	5．おおきくなったよ	☆2ねんせいになったら
	②		☆おうちの人にありがとう
	③		

179

2年生の年間指導計画例

月	週	単元	小単元
4	①		
	②		
	③	1. みんななかよし	☆1ねんせいとあそぼうよ
	④		☆1ねんせいにおしえよう
5	①	2. まちたんけんにでかけよう（はる）	☆たんけんけいかくをつくろう
	②		☆でかけよう　まちへ
	③	3. そだてよう	☆おおきくなあれ
	④	2. まちたんけんにでかけよう（なつ）	☆こんなことわかったよ
6	①	3. そだてよう	☆てがみをかいて　おれいにいこう
	②		☆いきものたんけん　しゅっぱつだ
	③		☆げんきにそだて
	④		☆いきものランドをつくろう
7	①		
	②		☆わくわくするね　なつやすみ
	③		
8			
	④		
9	①	4. つくろう　あそぼう	☆うごくおもちゃを　つくろう
	②		☆うごくおもちゃを　くふうしよう
	③		☆うごくおもちゃで　1ねんせいとあそぼう
	④	3. そだてよう	☆やさいサラダをつくろう☆たねまきをしよう
10	①	2. まちたんけん（あき）	☆あきのようすを　はっけんしたよ
	②		
	③		☆あきのようす　きいたよ　みたよ
	④		
11	①		
	②		
	③		
	④	2. まちたんけん（ふゆ）	☆ふゆのようすを　しりたいな
12	①		☆わくわくするね　ふゆやすみ
	②		
	③		
	④	3. そだてよう	☆ふゆのやさいの　しゅうかくだ

1	①	2．まちたんけん（ふゆ）	☆みんな　まちはかせ	
	②		☆このばしょ　だいすきわたしのまち	
	③			
	④	5．おおきくなったよ	☆できるようになったよ　こんなこと	
2	①			
	②			
	③	5．おおきくなったよ	☆じぶんの　おはなし　つくろうよ	
	④		☆まちのひとに　おれいをしよう	
3	①	5．おおきくなったよ	☆3ねんせい　こんなことしたい	
	②			
	③			

　この単元の活動は，学校の近くの公園や野原に行き，人との交流や自然との触れ合いをするものである。この活動を春夏秋冬ごとに実施することによって，児童一人一人に主体的気付きをさせようとするものである。

　このような単元をどのように構成するか，一例を次に示す。

①1年生の例　　総時数102時間（配当時数89＋ゆとり13）

単元名	配当時間	扱う内容
がっこうたんけん	16	友達，職員，施設・設備，遊具，校外
そだてよう	16	種まき，種取り，球根植え，小動物飼育
こうえんへいこう	38	遊び，四季の自然観察・遊び，人と交流
おうちだいすき	8	仕事，家族
できたよ　できたよ	11	1年間の成長，1年生歓迎準備

②2年生の例　　総時数105時間（配当時数91＋ゆとり14）

単元名	配当時間	扱う内容
がっこうのまわりたんけん	40	地域の施設・設備，地域の自然の変化
そだてよう	22	夏野菜種まき，収穫，調理，秋種まき，小動物飼育
つくろう　あそぼう	12	遊び道具製作・工夫，1年生との交流
できたよ　できたよ	17	自分史，感謝の手紙

（2）小単元の構成

　単元が計画できると，各々の活動内容を決めることになる。内容のまとまりを小単元という。通常指導案を書く場合小単元の学習内容が多い部分は，小単元名に工夫を加えて「単元名」にする場合もある。小単元を構成する活動のまとまりは，単元の指導計画では指導の流れの順序として第一次，第二次と表現する。単元がどのような構成になっているか一例を示す。

①1年生　　単元「こうえんへいこう」総時数38時間の内容

小単元名	配当時間	学習内容
がっこうのまわりをさんぽ	2	遊べる場所を知る
なつのこうえんであそぼう	6	木や草の様子を観察，土や遊具で遊ぶ
あきとあそぼう	17	木の葉の変化を知る，木の実や葉であそぶ，1年生にプレゼントを作る
ふゆのこうえんであそぼう	13	風と遊ぶ，木の変化を知る，昔の遊び

②2年生　　単元「がっこうのまわりたんけん」総時数40時間の内容

小単元名	配当時間	学習内容
どこへいこうか	2	話し合って，行く場所や調べたいことを決定
まちのたんけん	16	校庭の春探し，公園へ行こう，よもぎ団子，草花遊び発表会，1年生と遊ぶ，お店調べ探検結果の発表会
もっとしりたいまちのこと	12	公園に行こう，公共施設に行こう，秋の発見発表会
まちのすてき　たくさんあるよ	10	町の発見のまとめ，発表会

(3) 指導案

　指導計画の中で具体的な児童の活動の流れを想定したものが指導案である。研究を進めるうえで使用する指導案は，○単元名　○単元の目標　○単元設定の理由（教材観，指導観，児童観等）　○評価の観点　○単元の指導計画○本時案（研究の対象となる授業のながれ）等で構成されている。ここでは，単元の指導計画の一例を紹介する。

2年生　　単元指導計画「まちたんけん1」（合計25時間）

次	小単元名	児童の活動・気付き	教師の支援
一次・出会う	探そう	1. 校地内，校地周辺でタンポポを探す。 2. 公園や草原に行って草花を探す。 ・施設やお店にも注意して歩く。	○ 国語で説明文「たんぽぽのちえ」を学習させ，動機付けをする。 ・植物や動物に関する絵本を読み聞かせたり，教室内に置いておく。 ・食べられる草に気付かせる。
二次・触れ合う	草花と遊ぶ	1. 見付けた草花で遊ぶ。 ・葉っぱや茎で遊ぶ。 ・葉のにおいを嗅ぐ。	○ 遊び方を教える。 ○ ヨモギの葉や匂いの特徴に気付かせる。

三次・作る	ヨモギだんごを作ろう	1．ヨモギだんごを作ろう，食べよう。 ・どんな材料が必要か調べる。 ・おうちの人に作り方を聞く。 ・作って食べる。 ・お世話になっている人を招待する。	○ 身近な所でヨモギを採取させる。 ・家庭でも安全な場所でのヨモギ採取を助言してもらう。 ・衛生面，安全面への配慮をする。 ・招待者への事前案内をしておく。
四次・探検	お店の探検をしよう	1．行ってみたいお店や場所を話そう。 ・行ってみたい場所紹介 ・班づくり ・挨拶の仕方や聞きたいことを決める。 ・約束や持って行くものを話し合う。 2．探検に出発だ。	○ 極力児童の希望によって行き先別グループ編成をする。 ・安全な往復について，話し合わせる。 ・児童の役割分担が適切にできているか確認する。
五次・まとめ	発表をしよう	1．こんなことあったよ。 ・探検カードにまとめる。 ・発表準備をする。 ・発表会をする。	○ 訪問先で教えてもらったことがらだけでなく，町の様子や自然の様子もまとめさせる。 ・季節の変化を継続的に体験できるような，カードや地図の準備をする。 ・地域や家庭人々に参観を依頼する。
六次・感謝	お礼をする	1．探検でお世話になった人に気持ちを伝えよう。 ・お礼の気持ちを伝えよう。 ・渡し方を考えよう。	○ お世話になった人々に伝える内容の中に感謝の気持ちを表すことばを入れるよう気付かせる。 ・郵送にするか，持参させるかは教師が判断する。

第3節　豊かな活動を支援する環境づくり

1．人的環境づくり

（1）校内の体制づくり

　体験を重視した教科であるため，学習の場を教室外に求める場合が多い教科である。校庭や体育館で活動したり地域に出かけたりすることが多い。そのため，他学年の活動を考慮して，事前に実施しようとする内容や活動場所の了解を取らなければならない。さらに飼育や栽培活動は，用具や活動場所が限定される

ため，同一学年間でも活動の実施日等を話し合い，児童がのびのび活動できるよう配慮する必要がある。校外に活動の場を設定する場合は，学級担任だけで引率することを極力避ける。複数学級で学年が編成されている場合は，2学級以上で出かけるよう計画をする。単学級の場合は，補助する職員を配置する校内体制の確立が望まれる。

（2）家庭の協力づくり

　どのような教育活動でも家庭の協力なしには十分な成果が得られない。特に生活科は，製作や調理といった活動を実践する場合，家庭に在る空き箱や調理材料を児童に持参させることが多々ある。このような場合，口頭だけでは依頼事項が確実に家庭に伝わらないため，「生活科便り」や「学級便り」等を使って周知することが必要である。

　学校は家庭に学習の趣旨を的確に伝え，保護者に生活科への理解を深めてもらう努力を続けなければならない。適宜学校から情報を発信することによって，保護者の理解と教師への信頼が得られる。信頼の確立は保護者が学校の教育活動を支援しようとする条件の大きな要素でもある。保護者の支援活動は，児童が行う地域探検時や調理時の安全確保，製作活動での相談相手など多くの場面で実践されている。

（3）地域との連携づくり

　地域にはさまざまな知識や技能をもった方が住んでいる。例えば，農産物の生産における達人，料理の達人，染物や陶器づくりの達人といった方々である。これらの「達人」に教育ボランティアとして，教育活動の支援を依頼している実践も多数ある。具体的な事例を紹介すると，農家の人が土を耕すときの指導や，種を蒔く時期に直接児童に指導したりする。また，お手玉や羽根つきといった遊びや，ベーゴマ遊びを児童に教える活動がある。地域の人材を授業で生かすことができれば，より豊かで安全な活動が確保できるのである。

　地域の人材発掘もさることながら，地域と学校の連携をより強固にしなければならない。なぜなら，地域の町探検も学校周囲の自然探検も，地域の住民，関係機関の協力が不可欠だからである。公園では，高齢者が歓談や運動をしたり，乳幼児が砂場や遊具で遊んだりしている場合が多い。そこに学校教育が入り込むのであるから，地域住民の理解を得ておくことが必要である。活動の時

期や内容は，自治会や町内会等の回覧組織を通して伝達してもらう。

　町探検では，児童が希望した機関に対して，当然のこととして事前の了解をとらなければならない。教師が訪問して事前の打ち合わせを行う。打ち合わせの適否で，児童の活動の幅が決まるといってよい。生活科の活動内容の趣旨を理解していただき，対応しやすい曜日や時間，対応できる児童数等を聞いて，事前指導に生かすのである。そこで，地域でお世話になる来訪施設を地図にしておきたい。地域マップは，単元の内容を検討するときや，地域に足を運ぶ場合も必要な資料となる。

　関係機関との打ち合わせは，学級担任が行うことが一般的である。このとき，生活科の趣旨等を学校長名の入った書面にして持参する。学習の終了時，感謝の手紙を児童が書くが，それだけではなく学校からの感謝の手紙も添えることがより信頼関係を強固なものにする。

2. 動植物環境づくり

(1) 草木の自然環境づくり

　小学校には春を告げる桜の木々が校庭の周辺に植わっている。ほかにも黄葉するイチョウや実をつける梅が多く見られる。ミカン，リンゴ，ビワ，クルミ，カキ，マテバシイといったような実のなる木も計画的に植えたい。調理や遊び道具として利用できるからである。校庭にある木々を活用した実践は，その都度「校

内樹木マップ」に記録する。実践記録は生活科を指導するための貴重な財産となる。また，校地の一画をあえて除草せずに「野草園」として管理しておくと，動植物の観察に便利である。人が手を加えないことによって，さまざまな動植物が生育し，都会の中でもカマキリの卵やバッタが見られることがある。学習の動機付けをするのに格好の施設で，ぜひ設置したい。

(2) 動物の環境づくり
①魚の観察池

　校庭の一画を掘って防水処理をし，ビニールシートを張った簡易型から水の

循環まで施している本格的な施設まである。理科の学習まで見通すと，簡易型でも池は設置したい施設である。水生植物は，大きなバケツや鉢に植えると管理しやすい。魚はメダカや小型の川魚が飼育しやすく，稚魚の成育も容易に観察できる。

②飼育舎

飼育舎は常に清潔にするため，毎日の清掃活動が必要である。多くの学校では児童の委員会活動に位置付けられている。1年生の担任になった場合は，極力世話にも参加し，飼育動物の特性を学ぶことが求められる。飼育舎での飼育動物はウサギやニワトリが一般的であるが，小さい種類が好まれている。ウサギはミニウサギ，ニワトリはホワイトレグホンより気性の温和なチャボやウコッケイが飼育しやすい。抱いたり触ったりできる動物は，子どもたちの人気者になる。遊びの中で抱き方を工夫したり，餌の調達を考えたりできる。餌の調達では，地域の農家やお店との連携も考えられる。

③室内飼育

カタツムリ，ザリガニ，カメ，金魚，ハムスター，モルモット等の小動物は教室でも飼育できる。飼育動物の世話は，当番制にして，気付きを共有させたい。また教室に生き物を置くことで潤いも生まれる。

ハムスターやモルモットは排泄物を頻繁に交換して，室内に臭いが出ないような配慮が必要である。また，世話をする前と世話をした後や触った後は，必ず手洗いを励行させる。さらに動物のダストによるアレルギーのある児童への配慮も忘れてはならない。

3．校内施設・設備の環境づくり

生活科室

教室にゆとりがある場合は，生活科室として活用すると便利である。生活科は調べてきたことを大きな用紙にまとめたり，作った遊び道具を置いたりすることが多い。床の一部に畳やカーペットを敷き，子どもたちが寝転んだり座ったりして作業ができるよう工夫をしたい。壁面には学習の成果として，植物の蔓や木の

実などで作ったリースや学校探検地図を掲示しておく。教室にあるロッカーは整理棚として活用する。ふだんからさまざまな廃棄物品や木の実のような採集した物を整理して蓄えておくことによって活動の幅が広がる。動くおもちゃを作ったり，人形を作ったりするとき，児童の発想を止めることなく表現させられるのである。

　有効活用できる物品例
　○容器類―――ペットボトル　紙パック，トレー，ボトルキャップ等
　○紙　類―――紙筒　牛乳のふた，折込広告等
　○木竹類―――割り箸，竹串等
　○布　類―――は布
　○木の実―――どんぐり　松の実等

第4節　具体的実践例

1. マップ作り

(1) 学校の生活広場

　学校の校地にはさまざまな施設や設備がある。その中で子どもたちの活動が豊かにできるよう工夫することが重要である。校地を地図にして生活科や生活科の時間以外でも主体的体験ができるように紹介したのが「校内樹木マップ」（p. 189）や「生活広場マップ」（p.190）である。下記に挙げた主な施設は，時季に応じた情報の提供が効果的である。

　　○主な施設の四季の変化を紹介
　　・観察池―――観察できる動物や植物
　　・飼育小屋―――遊ぶことができる動物
　　・学校園―――栽培されている植物
　　・野草園―――観察できる植物
　　・学年園―――観察できる植物
　　・花　壇―――観察できる植物

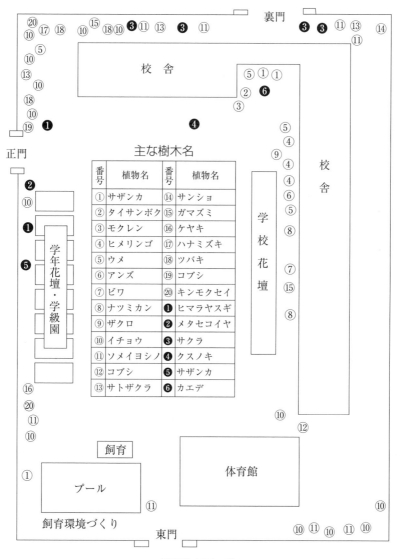

主な樹木名

番号	植物名	番号	植物名
①	サザンカ	⑭	サンショ
②	タイサンボク	⑮	ガマズミ
③	モクレン	⑯	ケヤキ
④	ヒメリンゴ	⑰	ハナミズキ
⑤	ウメ	⑱	ツバキ
⑥	アンズ	⑲	コブシ
⑦	ビワ	⑳	キンモクセイ
⑧	ナツミカン	❶	ヒマラヤスギ
⑨	ザクロ	❷	メタセコイヤ
⑩	イチョウ	❸	サクラ
⑪	ソメイヨシノ	❹	クスノキ
⑫	コブシ	❺	サザンカ
⑬	サトザクラ	❻	カエデ

校内樹木マップ

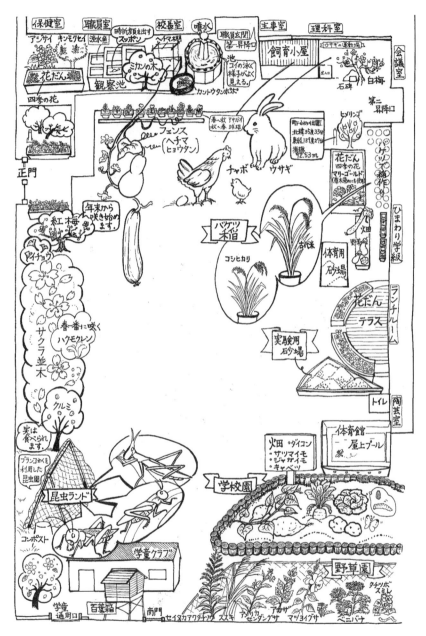

生活広場マップ

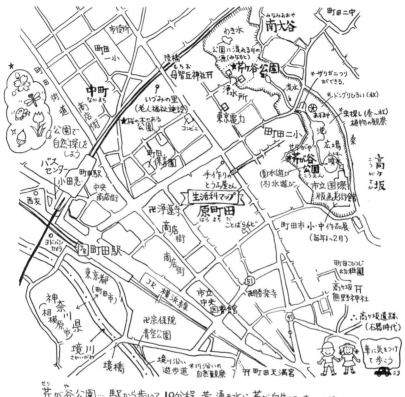

芹が谷公園…駅から歩いて10分程. 昔, 湧き水に芹が自生していた。以前は水田であった。
谷戸のようなくぼ地になっており, 細長い公園である. 噴水・彫刻もある.
春は桜・秋には紅葉が楽しめる. 生活科・理科の学習に利用できる.

境川…文字通り東京都町田市と神奈川県相模原市の境界となっている川.
遊歩道で川べりまで行かれるが, 水の流れが速く, 深い所もあるので要注意.
低学年は入水しない方が良い.

生活科マップ

(2) 生活科マップ作り

　「生活科マップ」は子どもが生活圏としている地域の自然環境や施設・設備のある場所を概略的に地図にしたものである. 教師や子どもはこの地図によって, いつ, どこで, どのような活動ができるかを知る目安とすることができる.

※この項は南関東地方を栽培実態をもとにした。

·······→ 蒔き時　　——→ 植え時期　　——→ 収穫・開花

栽培ごよみ

季節	栽培する植物		1月	2月	3月	4月	5月	6月	7月	8月	9月	10月	11月	12月
春	花	アサガオ												
		ホウセンカ												
		ヒマワリ												
		マリーゴールド												
	野菜	キュウリ												
		ナス												
		サツマイモ												
		ミニトマト												
		ピーマン												
		ラッカセイ												
		ダイズ（えだまめ）												
	球根	グラジオラス												
秋	花	アブラナ												
		スイートピー												
		パンジー												
		デージー												
		キンセンカ												
	野菜	ニンジン												
		カブ												
		キャベツ												
		ダイコン												
		コマツナ												
	球根	スイセン												
		チューリップ												
		ヒヤシンス												
		クロッカス												
		ムスカリ												

（左欄：種を蒔く・植える）

地域は自然が消えて住宅地になったり，逆に田畑が荒れ地になったり，常に変化している。そこで，学校では保存されている生活科マップの更新が必要になる。活動に必要な情報を取捨選択して，年度ごとに新たな地図を作成する。

①作成上の考え方

・教師や子どもの情報で地図の範囲を決める。

・指導計画の内容と活動場所との関連を明らかにする。

・子どもの興味・関心を考慮する。

・子どもが対象とのかかわりを認識できるものとする。

②作成の順序

・施設の役割をよく調べる。

・自然環境と学習内容との関係を調べる。

・地域の伝統行事やイベントの時期や内容を調べる。

・子どもの放課後や休み時間の遊び場を調査する。

・パネルにして低学年の教室の近くに掲示する。

2. 飼育・栽培活動の具体例

(1) 育てる活動

　飼育・栽培活動には，生き物の生命を維持するための責任が伴い，適切な理念と計画性が求められる。栽培活動では播種や収穫の時期（栽培ごよみ）が児童の活動を左右することがある。そのため，先を見通した計画が欠かせない。また，学校での飼育活動では，子どもたちの役割分担と協力が必要不可欠であり，時には臨機応変の行動も必要となる。生き物を飼育する体験を通して，こうした心構えと責任感を培っていくことをねらう。飼育活動から子どもたちが受ける影響や刺激は多くあるが，そのメリットを整理してみると以下のようなものが挙げられる。

　　○一つの目標に向かって計画，協力し，達成感や成就感を味わい，身に付ける。

　　○活動の過程でさまざまな疑問や不思議と出会い，その解決を通して科学性や倫理観を身に付ける。

　　○生き物との触れ合いやかかわりが，人との交流をより望ましいものにする。

①生殖・出産・死との出会い

　生き物の生殖や出産は，生命の不思議さと尊厳を学ぶ貴重な機会である。そ

の効果には次のようなものがある。

・自分がどのようにして生まれ，どのように育ってきたかを知ったり，考えたりするきっかけとなる。

・けがや病気の手当て，個体の特徴などを通して，生き物の体の仕組みや自分の体の仕組み，あるいは働きなどに着目するようになる。

・「誕生→成長→死」というライフサイクルに触れ，自分の過去や未来を考えるきっかけとなる（各家庭の事情には配慮が必要）。

・生き物の死に立ち会い，生命の尊厳，はかなさ，また周囲の悲しみを目の当たりにすることによって，生命の尊さを実感できるようになる。

②観察活動

　生き物を世話するということは，その生き物の生態や行動をよく観察し，同時に快適な飼育環境を保ち，生命を維持させるために図鑑や専門書を調べたりする必要が生じる。こうした一連の活動は，直接体験を伴う貴重な学習の基礎となり，3年生以降の理科や社会，総合的な学習の時間での学習につながっていく。

③その他

　飼育に関連して保護者や地域の人々の協力を必要とする場合も予想される。「人とのかかわり」を重視する生活科においては，重要な要素であり子どもが育つよい機会ととらえたい。こうした経験を重ねることによって，子どもは家族や教師だけでなく，自分の生活の周辺にいる人々と直接触れ合うことで，そのよさを知ることになる。また，地域の生活を見直し，考える機会となる。

ア．生き物を観察するときのポイント

・体の大きさや形，色などの特徴

・歩いたり，走ったり，鳴いたり，眠ったりするときのようす

・餌を食べたり，糞をしたりしているときのようす

・好んで食べる餌や好んで休む場所（すみか）のようす

・さわったり，抱いたりしたときのやわらかさ・温かさ・鼓動など

・仲間どうし（同種の動物など）のかかわり合いのようす

イ．生き物との触れ合い・かかわりの中で気付かせたいこと

・同じ種類の動物でも個体による特徴があり，人間と同様に個々の違いがあるということ

・生き物は，必ずしも自分の思い通りにはならないということ

・生き物にも感情があるということ

・生き物には当然のことながら生命があり，常に成長（老化）しているということ

ウ．生き物との触れ合い・かかわりの中で注意したいこと

・アレルギーや喘息など，体質に合わない子への配慮と周囲の理解を徹底すること

・活動後には必ず手洗い・うがいをすること，かまれたり，引っかかれたりして傷がついたら，必ず消毒し，傷の程度によっては医師の診断を受けること

(2) 飼育活動の具体例

①ニワトリや哺乳動物の飼い方・抱き方のポイント

　ウサギやニワトリは飼育舎で飼育することを基本とする。子どもたちが触れ合うときは，動物を教室内に移す場合もある。ハムスターやハツカネズミといった小型の哺乳類は教室でも飼育できるが教師の世話が欠かせない。

ア．ウサギ

　ウサギは後ろからそっと体を持ち，自分の胸に向かって抱く。耳を持って持

ち上げないよう指導する。餌はニンジン，キャベツなどの野菜，シロツメクサやオオバコ・タンポポなどを1日2回ぐらい与える。与える餌は水滴がつかないよう注意する。餌に水滴がついていると水分摂取過多となり下痢の原因になる。ウサギは欲しいときに飲むので，水を入れた容器を必ず設置する。

イ．ニワトリ

　ニワトリは背中のほうから両手で羽のところをそっと包むように持つ。顔を

くちばしに近づけないように気を付ける。オスの足には鋭い爪があるので，オスは持たせないほうがよい。餌はトウモロコシや小麦を砕いた市販の配合飼料などが主であるが，子どもたちの身近にある野草のハコベや家庭ごみとして出される卵の殻を砕いたもの等も与える。

ウ．ハムスター

　ハムスターは背中をなでたりして，後ろから両手で持ち胸に抱く。凶暴ではないが歯は鋭いので，指などを入れないように指導する。餌は市販のハムスター用飼料が便利であるが，ヒマワリの種やパンくず・ニンジンやキャベツなどの

野菜なども好んで食べる。

　飼育舎や飼育箱は，つねに掃除して清潔にし，よく乾燥させておく。箱を使って教室でハムスターを飼育する場合は，排尿の臭いが広がらないように，底に敷いた新聞紙や，わらを毎日交換する。ハムスターは暑さや湿気に弱いので，梅雨時や夏には通風をよくしたり，秋から春先にかけては保温に気を付けたり，こまめな管理が必要である。

②水の中の生き物

　水の中の生き物を飼う場合の水は，塩素を抜いた水道水を使用する。水は，定期的な交換が不可欠である。キンギョやフナを飼育する場合は，水のろ過装置やエアポンプを設置することが必要である。

ア．キンギョ，メダカ，など

　水槽の底に砂や小砂利を敷き，卵を産み付けられる水草を植える。メダカは水槽でも卵をよく産む。金魚は大きくなるので，成長に伴って大きな水槽や池に移し換えて飼うのが望ましい。餌を与え過ぎないよう留意する。

イ．アメリカザリガニ

　夏以外は，日当たりがよくて暖かい場所に置く。冬は，水の量を増やして，あまり取り換えない。水温の変化には比較的強い。底に砂や土を敷き，小石などを置く。多数入れると共食いをする。ザリガニの数より，隠れ場所の数が多くなるようにする

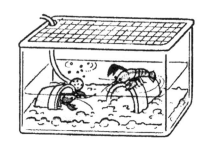

ウ．おたまじゃくしとカエル

　卵・おたまじゃくしの間は，エアポンプで空気を送り込む。底に砂や小石を敷き水草を植える。

　水草は餌になる。おたまじゃくしがカエルになったときにそなえ，石や植木鉢の破片等で陸の部分も作っておく。

　水槽にはカエルが飛び出さないように網のふたをつける。成体になったら水を半分以下に減らす。成体の観察が十分済んだら，おたまじゃくしの採取地に放つことが望ましい。

＊動物と遊んだり，世話をしたりした後には，必ずうがい・手洗いをしっかり

するよう指導を徹底する。動物の健康を保持するために，活動の前の手洗いも推奨したい。

（3）栽培の具体的事例

①ミニトマト

ア．用土

植木鉢，プランターで育てる
のに適している。日当たりがよ
く，通風のよい場所を好む。水は
けのよい肥沃な用土を好む。川砂
や山砂，黒土などにピートモスや
腐葉土を1/2ほど加え，さらに堆
肥や油カス，骨粉など有機質肥料
を1～2割加えて用土を作るとよ
い。トマト類は連作障害が出やす
いので，鉢植えの場合は新しい土
を使い，学級園では昨年度使用し
た場所を避けて植える。

早めに支柱を立てる。

株元近くのわき芽は
手で摘み取る。

用土
川砂，山砂
ピートモス，腐葉
堆肥など
苗を植えつける前
混ぜ合わせておく

イ．苗作り

発芽には夜間15℃以上の温度が必要。関東地方は5月初旬が播種期である。
ビニルポットなどに3～4粒ずつまき，土をかけて十分に水をやり，土が乾かな
いよう管理すれば，1週間程で発芽する。発芽させる用土は肥料分のないものを
使用する。発芽したら1週間に1回程度，液肥（1000倍液）を与えて育苗する。
本葉が6～7枚に成長したら，成育のよい1本を鉢に植える。プランターの場合は
2～3本，間隔をあけて植えつける。用土は図のように，肥料分を混ぜたものを
使用する。

ウ．栽培上の留意点

乾燥には比較的強く，用土の過湿を嫌うので，定植後は用土の表面が乾いた
ら，たっぷり水やりをする。梅雨期には雨のかからない軒下などに移動させて
用土の過湿を避ける。アブラムシやハダニの被害を受けやすいので，被害を受
けたら早めに殺虫剤を散布して駆除する。病虫害の被害を少なくするためには，
苗の時期から日によく当て，水やりを少なめにしてしっかりとした苗に育てる。

エ．よく見られる病虫害

○モザイク病―――葉がモザイク状に委縮して黄色に変色し枯れる。ウイルスが原因で起きる病気である。このウイルスはアブラムシが媒介するため駆除する。

○ハモグリバエ―――幼虫が葉に入り葉緑体を食べるため，白い帯のような食害が出る。幼虫を潰して駆除する。

○萎凋病（いちょうびょう）―――葉が黄色に変色して縮れる。下から上の葉に伝染する。連作障害である。学級園や畑で栽培する場合は，同じ場所に植えつけてはいけない。鉢の場合も土は新しい物を使用して病気を予防する。この症状が出た株はすぐ除去する。

オ．肥料

　植えつけ前の元肥や追肥は，N：P：K＝7：8：5のリン酸が多い化成肥料を使用する。学級園や畑では，1m²当たり約200gの顆粒を元肥として散布した後に耕運する。実がついたら根から5cmほど離して，追肥を半月に一度施す。雨があまり当たらないベランダなどでの鉢栽培では，液肥が効果的である。

②サツマイモ

ア．苗の準備

　サツマイモは苗を購入して植えつけるのが一般的である。4月中旬から5月下旬に苗を購入し，6月上旬までには植えつけを完了する。苗は茎が太く葉の緑が濃いものがよい。購入後，苗に水分が不足しているようであれば半日程度水に浸け，すぐ植える。節からすでに発根した苗は，使用しないほうがよい。苗の状態で出た根は，吸収根でイモになる貯蔵根になりにくいからである。

　種イモから芽を出させ，その芽を長く伸ばして苗を作ることもできる。

イ．栽培方法1

　サツマイモは茎が長く伸びて横に這うため，学級園や畑など長時間日の当たる広い場所で育てるのに適している。水はけのよい用土を好み，やせ地でもよく育つ。水はけの悪い場所では葉ばかり茂って，イモのできはよくない。高温を好むため気温が20℃近くになってから植える。苗の植えつけ方は斜め植えか，図のような船底植えが一般的である。

　植えつけ後，葉がしおれるようであれば

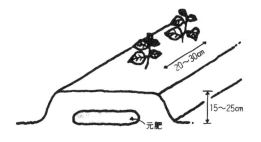

水やりをするが，茎が伸び始めたら特に水やりはしない。つるが十分に伸び出す前に，苗の周囲の草を抜き取っておく。

○土寄せ―――植えつけ後，30日ほど経ったら，畝を軽く耕し（中耕），株元に土寄せをする。

○施肥―――中耕し，土寄せをするときに，畝の両肩に追肥を入れておく。

○つるかえし―――7～8月，つるが伸びて周辺に広がりすぎたら，伸びたつるを株元の方へ返す。伸びた茎の節々から出た根を放置すると株元のイモが充実しないため，学級園や畑で栽培する場合は必ずこの作業を行う。

ウ．畝作り

畝は，幅50～60cm，高さ15～25cm，畝間30～40cmをとって作り，元肥を30cm下に入れる。植えつけの間隔は20～30cmで，植えつけ後，十分に水やりをして乾燥を防ぐようにする。

エ．栽培方法2（袋栽培）

学級園や学校園の面積が十分確保できない学校もある。このような学校でも，10kg用ビニル米袋（小さい穴があいている）や土嚢袋を使って栽培することができる。水はけのよい土にカリ成分の多い化学肥料を10gほど入れ，攪拌して用土を作る。袋には用土を8割程度入れ，そこに苗を斜めに植える。深さは葉柄の元が2～3か所隠れる程度とする。植えつけが終わったら日当たりのよい場所に移し，転倒しないよう処置をしておく。

袋栽培は，水が切れると生育が止まってしまう。晴天の日は葉の上から散水するのではなく，水がサツマイモの根元に十分溜まるよう袋の中に散水することが重要である。

オ．病気・害虫対策

○モザイク病―――病気にかかった株の葉に，縮れやまだら模様が出て生

育が極端に悪くなる。アブラムシが病気を媒介する。アブラムシが新芽に付いたら牛乳などで駆除する。株全体の葉が病気にかかっていたら株ごと除去する。

○エビガラスズメ（蛾の幼虫）―――黒茶色の体色で赤い斑点がある幼虫である。この幼虫はサツマイモの葉を食べるため，夏から初秋に発生するとイモの生育に多大な影響を与える害虫である。見付け次第駆除するために定期的な観察が必要である。

カ．肥料

肥料をあまり必要としない作物である。元肥ではカリ分の多い化成肥料を1㎡当たり50g程度散布した後耕運する。窒素分の多い肥料や肥料過多は茎がよく伸びて葉が肥大するが，貯蔵根は大きくならない。サツマイモの「肥料」は日光であるといわれるように，日照時間が重要である。

3．土作りと肥料

（1）土作り

土作りは，植物栽培の基本作業である。種まきや苗の植えつけ1か月前には土作りは完了させたい。栽培に適している土は中性に近く，通気性と水持ちのよいことが条件である。これらの条件を整えるために，作付前は通気性をよくする腐葉土や酸性土壌を改良する苦土石灰，適切な堆肥を散布して耕運する。石灰の使用は，土の使用の1週間前までに行わないと植物の発芽や成長に害を与える場合が多々ある。

①酸度調整

・酸度を一度中性に戻すために必要な石灰の量

深さ約20cm耕す場合――1m^{2}当たり苦土石灰約400g，消石灰約300g

②腐葉土

腐葉土は落ち葉を堆積して腐らせたものである。腐葉土には肥料効果はあまりない。校庭の片隅に囲いを作り，そこに落ち葉を堆積させれば3年目には堆積させた高さの半分程度は腐葉土として使用できる。

③堆肥

落ち葉の腐敗を促進するためにコメ糠や野菜くず等の廃棄物を入れ，十分熟成させたものが堆肥の一種である。市販されているものでは，牛や馬の糞を発酵促進に使ったものや，剪定枝を発酵させたものが多い。

(2) 肥料

肥料とは植物が成長するために欠かせない物質である。学校で野菜を栽培する場合にも，肥料がどのような役割を果たしているのか理解しておくことが大切である。肥料は作り方で有機肥料，化学肥料，配合肥料と大きく三つに分類することができる。肥料には10種類以上の元素がある。なかでも特に重要な物を3要素という。

①3要素の特性

・チッ素（N）——— 茎や葉を成長させるための基礎になる要素である。葉物の栽培には欠かすことができない。葉が黄色味を帯び，成長のスピードが鈍くなった場合は，窒素分の不足である。

・リン酸（P）——— 根の成長や開花・結実を促進する要素である。成長の初期に不足すると根の成長が阻害されるため，全体の生育が阻害される。

・カ　リ（K）——— 葉で光合成を促進させたり，根の成長を盛んにしたりする。根を成長させる植物には重要な要素である。植物の成長期に土に近い葉から枯れこむ現象は，カリ要素の不足が要因の一つである。

②肥料の種類と特徴

肥料の種類と特性

区分		原料	3要素の成分	原料や特性	全般的特性
有機肥料	植物性	油かす	チッ素が多い	大豆やアブラナの搾りかす。中性	長期間にわたって効果を発揮する。効果は緩やかであるため元肥として使用することが多い。PHは中性から弱アルカリである
		灰	カリが多い	植物焼却灰。苦土石灰と同様に酸度調整材。アルカリ	
	動物性	牛ふん	バランスがよい	肥料分は多くない。土壌改良材にも適している	
		鶏ふん	リン酸が多い	トマトやナス等の実のなる物に適している。サツマイモには使用不可	
		骨粉	リン酸が豊富	動物の骨を粉末にしたもの。油かすと一緒に使用	

		魚粉	窒素, リン酸が主	鶏ふんと同様に実のなるものに適している。イワシなどを乾して粉末にしたもの。アルカリ	
化学肥料	成分単体	硫安	チッ素が主	酸性を示す。水によく溶け即効性	追肥に適している。ここに挙げた物はPHが中性から酸性を示す。化学肥料は多用していると土壌を酸性にする要因の一つになる。化成肥料は作物に応じた製品がある
		尿素	チッ素が主	中性を示す。水によく溶け即効性	
		過リン酸石灰	リン酸が主	水によく溶け即効性	
		硫酸カリ	カリが主	即効性の肥料で元肥, 追肥に有効	
	化成肥料		3要素を目的に合わせて配合	「8:8:8」等と表示されている。3要素の割合を示す。数字が多くなると効果が強くなるので施す量に注意	
	配合肥料		有機, 化学を配合	「ボカシ」といわれるもので固形, 粉末状	栽培目的に合わせた製品がある

課 題

1. 生活科の内容の中には, 2学年にわたって扱うものがある。2学年にわたって扱う意義をまとめ, 具体的実践事例を一つ決めて指導計画作成上の留意点をまとめよう。
2. 地域に出かける学習内容を実践する場合, 指導計画作成上の留意点をまとめよう。

参考文献

佐島群巳, 奥井智久編『新訂生活科授業研究』教育出版, 2001年

東京都町田市立忠生第一小学校「校内研究紀要」2008年

東京都立農芸高等学校監修『初めての野菜づくり』新星出版社, 2001年

松井孝編著『生活と園芸』玉川大学出版部, 2004年

宮本光雄編『生活科の理論と実践』東洋館出版, 1991年

索　引

執筆者および執筆分担

寺本　潔（てらもと・きよし）編者，第1章，第2章
　　玉川大学教育学部教授

綿貫健治（わたぬき・けんじ）第3章，第4章
　　元玉川大学教職センター教授

北村文夫（きたむら・ふみお）第5章
　　元玉川大学教職センター教授

畑中喜秋（はたなか・よしあき）第6章，第7章
　　元玉川大学教職センター教授

小島昭二（こじま・しょうじ）第8章，第9章
　　元玉川大学教職センター教授

伊東冨士雄（いとう・ふじお）第10章，第11章
　　元玉川大学教師教育リサーチセンター客員教授

榎本真幸（えのもと・まさゆき）第12章
　　元玉川大学教職センター教授

〔イラスト〕
　千葉恵美子

教科指導法シリーズ　改訂第2版
小学校指導法　生活

2011年2月25日　初版第1刷発行
2020年2月20日　改訂第2版第1刷発行

編著者————寺本　潔
発行者————小原芳明
発行所————玉川大学出版部
　　　　　　〒194-8610　東京都町田市玉川学園6-1-1
　　　　　　TEL 042-739-8935　FAX 042-739-8940
　　　　　　http://www.tamagawa-up.jp/
　　　　　　振替　00180-7-26665
装幀————しまうまデザイン
印刷・製本——株式会社クイックス